北の 縄文さんぽ

ドニワ部
種田 梓

JN084532

DONIWAB

北の縄文さんぽ

2021年「北海道・北東北の縄文遺跡群」が世界文化遺産に登録され、「縄文」というキーワードに世界の注目が集まっています。世界遺産の構成資産・関連資産は道央・道南エリアに限られますが、北海道にはまだまだ魅力的な遺跡や施設がたくさんあります。なにしろ独自路線を突っ走った続縄文〜擦文文化の遺物を見逃すのはとってももったいない！

「北の縄文さんぽ」では、北海道民のドニワ部員が独断と偏見で選んだ、北海道内の旧石器・縄文・続縄文・擦文時代（たまに化石も）に関係する施設、遺跡などを紹介します。**難しいことは置いておいて、「おもしろい！ かわいい！　カッコイイ！」**そんな目線で選びました。

本書で紹介できる内容はごく一部。各施設には紹介しきれなかった魅力がたっぷり詰まっています。少しでも興味を持っていただけたなら、ぜひ直接足を運んであなただけのお気に入りの場所や遺物を見つけてみてください。

北海道の歴史に興味を持つきっかけ、「もっと知りたい」の入口として使っていただけたらうれしいです。

では、一緒に縄文さんぽに出かけましょう！

土偶とハニワになんかグッとくるおとなの部活

ドニワ部

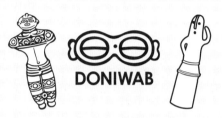

北海道札幌市を拠点に、土偶やハニワにグッとくるメンバーが集まっ
てオリジナルグッズの製作・販売、イベント企画、ワークショップ、
勉強会、講演会、フィールドワークなどの活動をしています。考古
学や歴史に詳しくなくても、「好き」という気持ちさえあれば誰でも
入部できます。もちろんお子さまだって大歓迎！　随時部員募集中！

ドニワ部の情報はこちらでチェック！

✉ info@doniwab.com
🌐 https://lit.link/doniwab
f www.facebook.com/doniwab
📷 🐦 @doniwab

入部のお申し込みはこちら

ドニワ部オリジナル **LINEスタンプ** 販売中！

使いやすいスタンプを販売しています。ぜひ使ってみてくださいね！
※クリエイターズスタンプ「ドニワ」で検索！　[ドニワ 🔍]

 vol.1 vol.2 vol.3 vol.4

縄文 とは

縄文時代 とは

マンモスなどがいた寒い寒い氷期が終わって、地球全体が温かくなってきた約1万5,000年前ごろから始まった縄文時代。日本列島全体で「縄文人」と呼ばれる人々が、縄目の文様が付けられた「縄文土器」を使い、狩猟・漁労・採集を中心として自然とともに生き、その暮らしが約1万年も続きました。

北海道 の独自路線

本州で縄文時代から弥生時代に移っていった頃、「稲作なんかやってられねーぜ」と言ったかどうかはわかりませんが、北海道の縄文人は本格的な農耕を選ばず、引き続き狩猟・漁労・採集をメインとしたスタイルを貫き「続縄文時代」に進みます。その後、本州や諸外国と交易・交流をしながらも「擦文文化」「オホーツク文化」「トビニタイ文化」などを経て「アイヌ文化」へと続く北海道独自の歴史が刻まれていきます。

		15,000	11,000	7,000	5,500
本州 北海道	旧石器時代			縄 文 時 代	
		草 創 期	早 期	前 期	中其
西欧	旧石器時代	中 石 器 時 代		新 石 器 時 代	
	BC 13,000		BC 5,000		BC 3,500

シュメー
文明

縄文人のファッション

縄文時代の遺跡からは、素朴なものから、時間をかけて丁寧な細工を施したものまでさまざまな装飾品が出土しています。それらは現代にも通用しそうなすてきなデザインばかり。きっと縄文人だって、普段と特別な場面では身に着けるアクセサリーや衣類は違ったはず。入れ墨を入れていたのでは？　という説もありますよね。縄文人（女性）のファッションを勝手に想像してみました。

ハレの装い

普段の装い

漆塗りのくし・耳飾り
恵庭市カリンバ遺跡などからは透かしの飾りが入った赤い漆塗りのくしや耳輪、腕輪などが出土しています。

ヒスイの勾玉が付いた首飾り

貝の平玉ネックレス
貝を割って形を整え、石錐（せきすい＝石製のきり）でひとつひとつ穴をあけて仕上げていきます。

耳飾り
縄文早期～晩期に使われていた耳たぶに穴をあけてはめ込むピアス。前半は石製、後半は土製が多く、成長に合わせて大きさを変えたとも推測されています。

衣服（布）の材料
カラムシ、アカソ、オヒョウなど樹の皮や草の繊維からアンギン編みで布をつくっていきます。
中空の鳥の骨でつくられた縫い針も出土しています。

※上記イラストは、縄文時代の遺跡から出土した遺物を元に、普段の装い、ハレの装いとしてイメージしたものです。
　服の形状や色、模様、アクセサリーのつけ方などはあくまで想像のものであり、実際こうだったかどうかはわかりません

	4,500		3,500		2,300		1,700		1,400	1,200		800	（年前）
							弥生時代	古墳時代	飛鳥時代	平安時代		鎌倉時代	
							続縄文時代			擦文時代		アイヌ文化期	
								オホーツク文化		トビニタイ文化			
	後　期			晩　期									
銅器時代						鉄器時代			ローマ帝国				
エジプト文明	BC 2,500	インダス文明		BC 1,500		BC 300		AC 300		AC 600	AC 800	AC 1,200	

9

狩猟・漁労・採集 を中心にした暮らし

自然と向き合いながら、狩猟・漁労・採集を基本に食料を得て暮らしていた縄文人。動物の骨や角、石、粘土などを使ってつくった、生活に必要な道具がたくさん出土しています。中には、現代の私たちには目的や用途がまったくわからない物もあります。縄文人の気持ちになって推理してみるのもおもしろいですよね。

狩猟

釣り針

かえし

シカの角などでつくられた釣り針は、ターゲットとなる魚の種類や漁法によって形や大きさが異なり、現代の釣り針にもある「かえし」も付いています。

石錘（せきすい）

魚を捕るための網の先端にくくりつけた石製のおもり。両サイドにひもを巻くための溝があります。

石鏃（せきぞく）＝ 矢じり

狩りの必需品「弓矢」。矢の先端に付ける石鏃は、黒曜石などでつくられています。

尖頭器（せんとうき）

やりの柄の先に付けて、突き刺したりナイフのように切ったりしました。

銛頭（もりがしら）

骨や角などを使ってさまざまな形につくられ、表面に文様が彫られた物も。獲物を刺した後にひもを引くと抜けにくくなる細工がされた物もあり、かわいい形なのに実に機能的。

漁労

石匙（いしさじ）

動物を解体し、肉をこそぎ取ったり皮をなめしたりする、まさに万能ナイフ。

石錐（せきすい）

革や石、骨角器などに穴をあけるきり。

採集

手になじむ、家のような形のすり石は、北海道独自の形で「北海道式石冠」と呼ばれます。

すり石・石皿

木の実の硬い殻を割ったり、すりつぶして粉にしたり、肉や魚をミンチにしたり。

土器

煮炊きやアク抜き、保存のために大活躍。

石斧（せきふ）

木の柄に取り付けて使う石製の斧。木を切ったり、地面に穴を掘ったりするときに使います。

縄文カレンダー

縄文人はどんなものを食べていた？

JOMON CALENDAR

縄文カレンダーとは、縄文人が四季を通してどんな食料を得ていたのかを表したものです。山では動物や山菜、木の実など、海や川では魚や海獣、貝、海藻など、その季節の旬の食材をとり、必要に応じて貯蔵したり、交易に使ったりして、計画的に過ごしていたのではないでしょうか。

冬

ヒグマ
テン
キツネ
野ウサギ

タラ
オットセイ
トド
アザラシ

WINTER

クジラ
ニシン
カレイ
カサゴ

秋 AUTUMN

エゾシカ

キノコ
ヤマブドウ
ドングリ
クルミ
クリ

土器づくり
石器づくり

ワラビ
フキノトウ
フキ
行者ニンニク
オオウバユリ

SPRING 春

アイナメ
サケ

アサリ
カキ
ホタテ
シジミ

ニワトコ

アホウドリ
ウミウ

ウバガイ
ウニ
海藻

イルカ
マグロ
サメ

夏

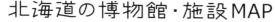

本書で紹介する 北海道の博物館・施設MAP

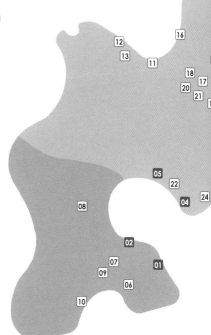

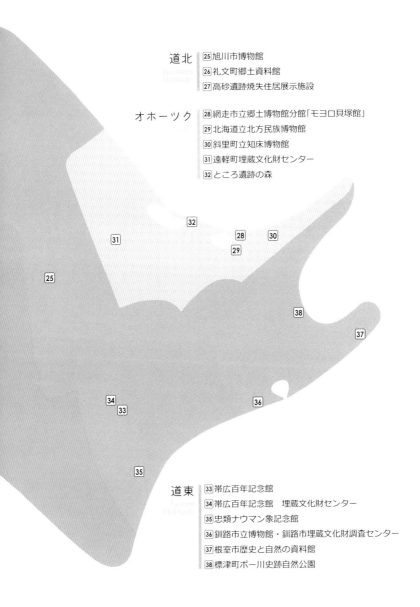

道北
Dō-hoku
Hokkaido
25 旭川市博物館
26 礼文町郷土資料館
27 高砂遺跡焼失住居展示施設

オホーツク
28 網走市立郷土博物館分館「モヨロ貝塚館」
29 北海道立北方民族博物館
30 斜里町立知床博物館
31 遠軽町埋蔵文化財センター
32 ところ遺跡の森

道東
Eastern
Hokkaido
33 帯広百年記念館
34 帯広百年記念館　埋蔵文化財センター
35 忠類ナウマン象記念館
36 釧路市立博物館・釧路市埋蔵文化財調査センター
37 根室市歴史と自然の資料館
38 標津町ポー川史跡自然公園

13

本書の使い方

ドニワ部おすすめの遺物
などを「おもしろい！ か
わいい！ カッコイイ！」
目線で選びました。

どうも
北海道最初の国宝です

中空土偶
函館市著保内野遺跡

北海道最初の国宝「中空土偶」の愛称は「カックウ（茅空）」。
内部が空洞のものとしては、国内最大級の土偶です。
1975（昭和50）年にジャガイモ畑から出土したカックウは、
悟りを開いたかのような顔、水泳部を思わせる肩幅の広い体形
で細やかな幾何学模様が施されています。国宝指定の際には
「縄文時代後期を代表する優品として、また土偶造形の到達点
を示す」という最大級の評価を得ました。
世界文化遺産「垣ノ島遺跡」に併設された函館市縄文文化交流
センターでは、南茅部縄文遺跡群を中心に函館市内から出土し
た約1,500点もの遺物を展示しています。

おすすめの遺物と
施設の解説をしています。

グッとくるポイント！

亡くなっても家族と一緒に

垣ノ島遺跡では、穴のあいた子どもの
足形付き土製品（土版）が出土してい
ます。
亡くなった子どもの足形を付け、家の
中につるしていたのではないかと言わ
れています。

足形付土版
函館市垣ノ島遺跡

グッとくるポイント！

施設において、ドニワ部が
心をつかまれるポイントを
さらに紹介。
ご注意やお知らせもあります。
このポイントを見ると、
もっと博物館や施設を訪れ
たくなるはずです。

世界遺産 北海道・北東北の縄文遺跡群 構成資産「大船遺跡」「垣ノ島遺跡」ガイダンス施設

01 函館市縄文文化交流センター

所在地｜函館市臼尻町551-1 ／ TEL｜0138-25-2030
開館時間｜（4月～10月）9:00～17:00、（11月～3月）9:00～16:30
休館日｜月曜日（祝日の場合は翌平日）、毎月最終金曜日、年末年始（12/29～1/3）

施設の情報

QRコード：Googleマップ
から施設情報を確認できます。
※高砂遺跡焼失住居展示施設は
マップに掲載されていません

・施設の利用料金は掲載していません。事前にご確認ください
・情報や展示内容は変更になる場合があります。ホームページなどでご確認のうえ、お訪ねください
・掲載している情報は2023年7月現在のものです。発掘調査の進行などにより情報が変わる場合が
あります

世界遺産

World Heritage

どうも
北海道最初の国宝です

中空土偶
函館市著保内野遺跡

北海道最初の国宝「中空土偶」の愛称は「カックウ（茅空）」。
内部が空洞のものとしては、国内最大級の土偶です。
1975（昭和50）年にジャガイモ畑から出土したカックウは、
悟りを開いたかのような顔、水泳部を思わせる肩幅の広い体形
で細やかな幾何学模様が施されています。国宝指定の際には
「縄文時代後期を代表する優品として、また土偶造形の到達点
を示す」という最大級の評価を得ました。
世界文化遺産「垣ノ島遺跡」に併設された函館市縄文文化交流
センターでは、南茅部縄文遺跡群を中心に函館市内から出土し
た約1,500点もの遺物を展示しています。

 グッとくるポイント！

亡くなっても家族と一緒に

垣ノ島遺跡では、穴のあいた子どもの
足形付き土製品（土版）が出土してい
ます。
亡くなった子どもの足形を付け、家の
中につるしていたのではないかといわ
れています。

足形付土版
函館市垣ノ島遺跡

世界遺産 北海道・北東北の縄文遺跡群 構成資産「大船遺跡」「垣ノ島遺跡」ガイダンス施設

01 函館市縄文文化交流センター

所 在 地｜函館市臼尻町 551-1　／　TEL｜0138-25-2030
開館時間｜（4月〜10月）9:00〜17:00、（11月〜3月）9:00〜16:30
休 館 日｜月曜日（祝日の場合は翌平日）、毎月最終金曜日、年末年始（12/29〜1/3）

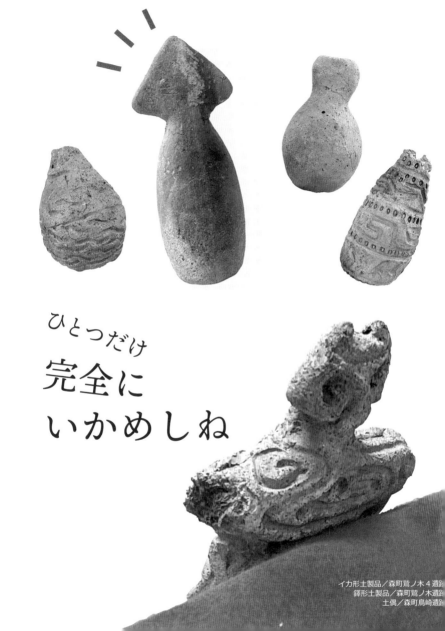

ひとつだけ
完全に
いかめしね

イカ形土製品／森町鷲ノ木4遺跡
鐸形土製品／森町鷲ノ木遺跡
土偶／森町鳥崎遺跡

世界文化遺産の関連資産「鷲ノ木遺跡」から出土した鐸形土製品（たくがたどせい）の中に、ただ一つ森町の郷土料理「いかめし」そっくりの形をしたものが見つかりました！

森町遺跡発掘調査事務所は、鷲ノ木遺跡を含む森町の52の遺跡（2021年現在）から出土した遺物を展示しています。

森町が開催する鷲ノ木遺跡見学会に参加して、解説員さんの話を聞きながら、秀峰・駒ヶ岳を望むこの地で、先人たちが生きた証を肌で感じてみませんか。

グッとくるポイント！

海岸でみつかった土偶

海岸を散策していた町内の小学生が発見し、町に寄贈されました。大きな目、頭部には猫の耳のようにも二つに結わえた髪の毛のようにも見える突起、全身に描かれた渦巻き文様が特徴です。

土偶／森町鳥崎遺跡

とんぶらこ〜

あ〜れ〜

 世界遺産 北海道・北東北の縄文遺跡群 関連資産「鷲ノ木遺跡」ガイダンス施設

02 森町遺跡発掘調査事務所

所 在 地｜茅部郡森町字森川町 292-24　/　TEL｜01374-3-2240
開館時間｜9:00〜16:00
休 館 日｜月曜日、祝日、年末年始

なにに見える？

動物形土製品
千歳市美々4遺跡

新千歳空港建設のために発掘された「美々4遺跡」から見つかった動物形土製品・愛称「ビビちゃん」は不思議な形の人気者。中は空洞で全身に美しい文様が描かれています。カメ、水鳥、ムササビ、アザラシ？ あなたはなにに見えますか？

旧長都小中学校の校舎を活用した展示室は、300カ所以上ある千歳市内の遺跡から出土した遺物を4つのテーマごとに紹介しています。

世界文化遺産「キウス周堤墓群」の中で最大の1号周堤墓は、ジャンボジェット機（75m）より大きい外径83mもあります。

グッとくるポイント！

男性と分かる証が…

男性土偶
千歳市
ウサクマイＡ遺跡

女性のモチーフが多い土偶界ではとても珍しい「男性土偶」。明らかに男性とわかる証が見てとれます。

磨きに磨かれた石棒

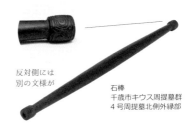

反対側には
別の文様が

石棒
千歳市キウス周堤墓群
4号周堤墓北側外縁部

「キウス周堤墓群」の4号周堤墓外縁部土坑墓の副葬品。驚くほどツルツルに磨かれた石棒の両端に彫られた繊細な文様にも注目！

 世界遺産 北海道・北東北の縄文遺跡群 構成資産「キウス周堤墓群」ガイダンス施設

03 千歳市教育委員会　埋蔵文化財センター

所 在 地｜千歳市長都 42-1　/　TEL｜0123-24-4210
開館時間｜9:00〜17:00
休 館 日｜土曜日、日曜日（第2日曜日を除く）、祝日、年末年始（12/29〜1/3）

役目を終えた石器たち

北海道式石冠・石皿
伊達市北黄金貝塚

世界文化遺産「北黄金貝塚」の水場遺構から大量に出土した「北海道式石冠」と「石皿」は、そのほとんどが破損していることから、役目を終えた石器を自然に戻す儀式が行われていたと考えられています。

北黄金貝塚は生活空間の竪穴住居と、送り場としての墓、貝塚、水場遺構がまとまって集落を成しているのが特徴です。内浦湾に面した小高い丘で、豊かな海の恵みを糧に暮らした縄文人の生活や文化を私たちに伝えてくれます。

グッとくるポイント！

鳥の骨でつくった縫い針

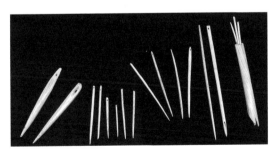

中空の骨を利用した繊細なつくりの縫い針は学芸員さんのおすすめ！

世界遺産 北海道・北東北の縄文遺跡群 構成資産「北黄金貝塚」ガイダンス施設

04 北黄金貝塚情報センター

所 在 地｜伊達市北黄金町 75 ／ TEL｜0142-24-2122
開館時間｜9:00〜17:00
休 館 日｜冬期間（12/1〜3/31）

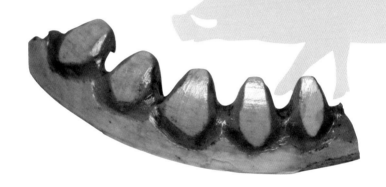

イノシシの牙で
人の歯つくってみた

猪牙製装身具／洞爺湖町入江貝塚

なぜ北海道に生息していないイノシシの牙で、人の歯型をつくったのか？　なぜ「入江貝塚」で出土したのか？

入江高砂貝塚館は、内浦湾を臨む小高い丘の上にある、世界文化遺産「入江貝塚」「高砂貝塚」から出土した遺物を展示しています。漁労用の骨角器や骨針、土器、土偶などを見ることができ、いずれも繊細で優美な縄文の技が光ります。

暖流域に分布するイモガイの製品、新潟県産のヒスイの装飾品も出土しており、当時の交易の様子がうかがえます。

土偶　洞爺湖町高砂貝塚

🔵 グッとくるポイント！

入江式土器

縄文時代前期（約5,500年前）から晩期（約2,800年前）につくられた「入江式土器」の展示から、形や文様の変化を年代ごとに学ぶことができます。特に後期（約4,000年前）の土器は、雷文のような渦巻きや波形の文様が描かれていて特徴的です。

入江式土器／洞爺湖町入江貝塚

世界遺産 北海道・北東北の縄文遺跡群 構成資産「入江貝塚」「高砂貝塚」ガイダンス施設

05 入江高砂貝塚館

所 在 地｜虻田郡洞爺湖町高砂町44番地　/　TEL｜0142-76-5802
開館時間｜9:00〜17:00
休 館 日｜月曜日（祝日の場合は翌平日）、冬期間（12/1〜3/31）

入江貝塚

貝塚

貝塚トンネル

貝塚の中に
貝塚トンネルが
掘られています

トンネルの中には貝塚の断面が

公園内には3パターンの復元住居

1

2

3

実際の入江貝塚を掘ってつくられた貝塚トンネル内では、貝塚の中に入った感覚で側面と底面の様子を見ることができます。

通称「黒い貝塚」といわれるこの貝塚。どんなものが埋まっているのかじっくり観察してみて。

高砂貝塚

<small>たかさごかいづか</small>

広々とした高砂貝塚は、ちょっとした散策にぴったり。時代ごとに複数の貝塚が復元されていて、アイヌ文化期の貝塚や畑の跡などもあり、近代まで続くこの場所での人々の営みが感じられる空間です。

当時の景色を想像しながら、竪穴住居跡のくぼみに入って縄文人になりきってみるのもおすすめ。

歩いて
行けるよ

両貝塚と「入江高砂貝塚館」は、
入江式土器模様のラインで結ばれています

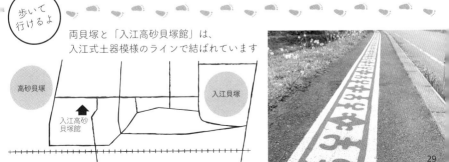

高砂貝塚

入江貝塚

入江高砂
貝塚館

縄文女子の妄想トーク

▲ 遺跡へGO！ ▲

🔶 この前みんなで行った遺跡めぐりの旅、楽しかったわね〜！

🔶 今回はメンバーにハレ女とアメ女の両方がいたからお天気心配だったけど、結果ハレ女の勝利！　ほんと良かった！

🔶 空気が澄んでて気持ち良かったよね！　でも実は、雨の日にしか感じることのできない、匂いとか音とか色彩とかあるから、私は雨の遺跡も結構好きだなー。

🔶 そういう楽しみ方もなんかすてきね。私はいい写真がたくさん撮れて楽しかったな。お花がたくさん咲いてたよね。

🔶 お花もみんなもかわいかったわよ❤遺跡って写真映えする場所が多いから、写真を撮るっていう楽しみもあるよね。みんなはいつもどんなふうに遺跡めぐりしてる？

🔶 私はテーマとかエリアを決めて、地図で行く場所と効率的なルートを考えて事前にしっかり計画を練るタイプかな。場所によっては、車中泊することもあるよ。

🔶 ひゃー、車中泊!?　ガチじゃない！例えばどんなテーマで行くの？

🔶 「道北日本海側の遺跡を制覇するぞ！」とか「ストーンサークルしばり」とかかな。あと、だいたい途中で地域の温泉に寄る！　地元のお姉さまたちとお話したりするのも楽しいのよ。「この辺はなにもないでしょ〜？」なんて言うけど、縄文目線で言えば「なにもない」って縄文人が暮らした景色が残ってるってことでしょ。いろいろ妄想し放題で大コーフンだよー！

🔶 確かに！　私はやっぱりグルメ重視かな。遺跡の近くのグルメスポットは必ずチェックするわ。遺物もくいしんぼう目線で見てるから、前に三内丸山遺跡の展示でお寿司そっくりの出土品見つけちゃった！もちろん帰りにお寿司食べたよね〜（笑）

🔶 さすがくいしんぼう（笑）。私は、わりと狭いエリアの遺跡を順々にめぐるのが好きかな。似ている形の遺物でも、時代の変遷や地域性が見えてきてグッとくるんだよね。

🔶 マニアック…。でも確かになにかの関連性に気づくとテンション上がるよね！遺跡に行ったら必ずすることってある？

🔶 とりあえず周りを見渡して地形をチェックするかな。遺跡の周りには象徴的な山や川があるっていうから、これかな？　ってアタリを付けて楽しんでる。

🔶 鷲ノ木遺跡から駒ヶ岳が見えるみたいな感じね！　言われてみればきれいな山を臨める場所が多いかも。

🔶 私は、竪穴住居跡のくぼみを見つけたら実際に寝っ転がってみたりして、間取りや家族構成を妄想するのが好き。住んでる気持ちになれて楽しいの！

北海道の縄文遺跡
や遺物のPR活動
に力を注ぐ、縄文
沼の女神様

某研究室の片隅で
縄文の魅力を発信
中！ じわじわ縄文
ファンを増や
している

某大学院で縄文遺跡
を研究。
ビビちゃんとおいし
いごはん
LOVE♥

北海道エリアの遺物
に特に興味津々！
グッズにできそうな
物を常に探し
ている

🔘 住居跡にはとりあえず入ってみたく
なるよね。私はさすがに寝っ転がりはしな
いけど（笑）。施設によって、遺物に触ら
せてもらえるところがあるじゃない？ あ
れすごくうれしいよね。実際の手触りや重
さが、急に縄文人を身近に感じさせてくれ
る気がして。

🔘 急に実感が沸いてグッとくるよね！

🔘 そういえば、世界文化遺産に登録さ
れた遺跡はもう行った？ 伊達市の「北黄
金貝塚」は、復元貝塚の白色が映えて景色
もきれいだし、ピクニック目的で行くのも
良さそう。デートにもおすすめよ！

🔘 いいねー。私遺跡でキャンプするの
が夢なの！ 土器でお料理つくって、夜は
たき火を囲んで星を眺める。星空は縄文時
代からそんなに変わってないはず（ウット
リ）。

🔘 なにそれサイコーじゃない！ 夜の
遺跡ってすごく興味あるわ。遺跡の中じゃ
なくてもいいから、せめて近くにキャン
プ場つくってくれたらいいのに…。

🔘 ほんとよね。私は函館市の「垣ノ島
遺跡」隣接キャンプ場希望！ ちなみにこ
この発掘体験は楽しいから絶対やって!!

🔘 近くの「大船遺跡」は、復元住居が
絵になるよね。ていうか、あそこの住居跡、
なんであんなに深いの？ 2mくらいある
んでしょ？ どうやって出入りしてたんだろ。

🔘 謎だよね〜。森町の「鷲ノ木遺跡」
は予約制だけどぜひ行ってみてほしいわ。

🔘 遺跡の下を高速道路が通っている所
ね！ 遺跡を守るためにトンネルを1年か
けて手で掘ったって聞いたけど本当？

🔘 それは本当！ 当時の作業員さん大
変だったでしょうね…（泣）。

🔘 洞爺湖町の「入江貝塚」「高砂貝塚」
は距離が近いから散歩がてら両方の貝塚を
見比べてほしいな。ちょうど真ん中辺りに
「入江高砂貝塚館」があるんだよね。

🔘 そうそう！ 貝塚と貝塚館を結ぶ道
路に引かれている入江式土器模様のライン
がかわいいんだよね！

🔘 千歳市の「キウス周提墓群」は木々
が美しくていろんな花も咲くから四季折々
に行きたくなる！ マイナスイオンたっぷ
りで、疲れた現代人にぴったりの場所よ。

🔘 私今から行ってくるわ!!

🔘 世界遺産に限らず、遺跡は訪れるた
びに新しい発見があるのも魅力の一つなの
かもしれないわね。次はどこ行く〜？

🔘 おいしいものがある所〜！

★縄文をこよなく愛する縄文女子たちが個人の主観に基づい
て楽しくおしゃべり。学術的に正しいかどうかは置いてお
いて、素人目線の「こうだったのかな」「こうだったらいいな」
という妄想ワールドを繰り広げます。温かい目で見守ってい
ただけたらうれしいです。

縄文の二大発明

氷期が終わり、温暖化により環境が変化する頃、縄文人は「弓矢」と「土器」を発明します。素早く逃げる小型動物を捕らえるために「弓矢」を使い、「土器」のおかげで、木の実のアク抜きや保存ができるようになりました。温かいスープを食べられるようになるだけでなく、加熱による殺菌消毒ができ、またよく煮込むことで消化の良い食事をつくることができるようになったのです。縄文人の健康増進や寿命を延ばすのに一役買ったといわれています。

弓矢

土器

道 南

Southern Hokkaido

小さいから
見逃さないでね！

ほぼ実寸

約5cm

角偶
函館市戸井貝塚

函館市戸井貝塚から出土した「角偶」はエゾシカの角を削ってつくられています。複雑でユニークな形と全体に施された丸い模様の絶妙なバランスゆえなのか、一目見てとりこになる人が続出！
市立函館博物館は函館市の考古遺跡出土品の他に、街の歴史が分かる資料やアイヌなどの民族資料、自然科学資料などを多数収蔵・展示しています。

グッとくるポイント！

小さくても個性的な土偶、土製品や土器に注目！

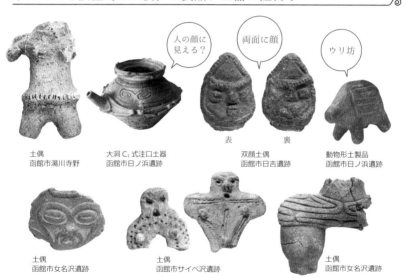

人の顔に見える？

両面に顔

ウリ坊

表　裏

土偶
函館市湯川寺野

大洞 C_1 式注口土器
函館市日ノ浜遺跡

双顔土偶
函館市日吉遺跡

動物形土製品
函館市日ノ浜遺跡

土偶
函館市女名沢遺跡

土偶
函館市サイベ沢遺跡

土偶
函館市女名沢遺跡

06 市立函館博物館

所 在 地｜函館市青柳町 17 番 1 号　/　TEL｜0138-23-5480
開館時間｜(4月〜10月) 9:00〜16:30、(11月〜3月) 9:00〜16:00
休 館 日｜月曜日、毎月最終金曜日、祝日、年末年始 (特別展、企画展等期間、GW 中、11/3 は除く)

謎の突起が
あったりするの

聖山式土器／七飯町聖山遺跡

ミニチュア土器にも

縄文時代晩期に渡島半島や津軽半島北部からも出土する「聖山式土器」は、複雑にからみ合う沈線で描かれた文様で、謎の突起が付いているのが特徴です。

加えて興味深いのは、ミニチュア土器の存在です。「大きな土器と同じデザインのものがあるから練習見本だったのでは？」との説もありますが、実際に使用した跡が残った物もあるので、目的はさまざまだったのかもしれません。

2023年現在73カ所の遺跡が確認されている七飯町。発掘により、約9,000年前の縄文時代早期から人が住んでいたことがわかりました。

七飯町歴史館は、先史時代から明治までの歴史、自然や産業を紹介する施設です。

グッとくるポイント！

あなたなら、どう使う？

なんの形？

なんのための物？

用途は
不明です

両性具有土製品

07 七飯町歴史館

所 在 地｜亀田郡七飯町本町6丁目1-3 ／ TEL｜0138-66-2181
開館時間｜9:00〜17:00
休 館 日｜年末年始（12/29〜1/3）

美石器

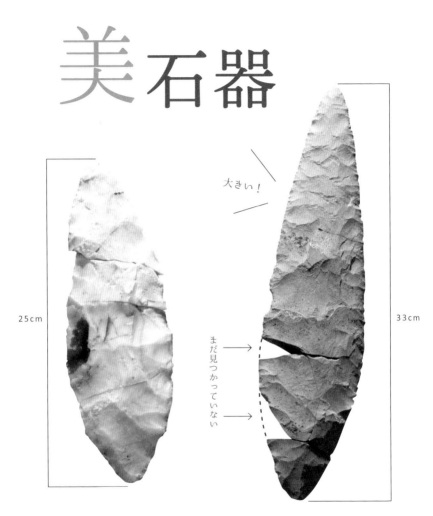

大きい！

25cm

33cm

まだ見つかっていない

やりさきがたせんとうき
槍先形尖頭器（国指定重要文化財）

「ピリカ遺跡」から出土した石器に見られる高度な技術にびっくり。中でも長さ30cmを超える「槍先形尖頭器」は、硬い石材が絶妙に加工された優品で「どうやってつくったのか」「なぜこんな大きな物をつくったのか」と多くの研究者が頭を抱えるほど謎に包まれています。

ピリカ旧石器文化館は、映像ホールや石器展示施設、重要文化財展示室を備えた「ピリカ遺跡」の案内施設です。

およそ2万年前の氷期に、旧石器人がこの地で生活していた事実をあなたの目で確かめてみませんか。

ミュージアムショップでは、岩石の標本などを来館記念品として販売しています。

グッとくるポイント！

体長8m！ ピリカカイギュウ

太平洋岸から約10km離れた標高120mの山奥で発見されたピリカカイギュウ化石。
復元すると体長は約8mとなり、世界最大級のカイギュウ化石です。
カイギュウは海に住む草食のほ乳動物なので、およそ120万年前のこの地域は海藻が豊かな海だったと想像されます。
（文：ピリカ旧石器文化館・学芸員　宮本雅通）

ピリカカイギュウ／今金町美利河

08 ピリカ旧石器文化館

所 在 地｜瀬棚郡今金町字美利河 228-1　/　TEL｜0137-83-2477
開館時間｜9:30～16:30
休 館 日｜月曜日、冬期間（12/1～3/31）

顔が
多過ぎる...

ここにも顔 →

← ここにも顔

↻
裏面にも踊ってる人

↑
ここにも踊ってる人

人形装飾付異形注口土器／北斗市茂辺地
所蔵：東京国立博物館
出典：ColBase（https://colbase.nich.go.jp/）

北斗市茂辺地の津軽海峡を見渡す段丘で出土したこの人形装飾付異形注口土器（ひとがたしょうしょくつきいけいちゅうこうどき）。前後左右に人形・人面を装飾したとても特徴的な注口土器です。土器に人形装飾が施されるようになったのは、土偶の存在が影響しているからだとか…。残念ながら原品は、東京国立博物館にありますが、レプリカでも見応えは十分。

縄文時代、続縄文時代から擦文時代を経てアイヌ文化へ。形式、特徴が時系列に並んだ展示は初心者にもわかりやすく、学芸員さんの気合が伝わる資料館です。

09 北斗市郷土資料館

所 在 地｜北斗市本町 1-1-1 ／ TEL｜0138-77-8811
開館時間｜9:00〜17:00
休 館 日｜毎月第 1 月曜日、年末年始

北斗市郷土資料館の
アイドル土偶

当館所蔵の
土偶たちなのですが、
なんか愛称付けてあげた
方がいいかなぁと
自分が勝手に呼んでる
だけなので…
なんかすみません（笑）。

北斗市郷土資料館学芸員 時田さん

デメちゃん

目？

ニッコリ？

当市添山遺跡出土の小型土偶。
時期は晩期。
おそらくはX字形土偶のボディ
バランスで遮光器土偶を模し
たものと推定されますが、顔
が省略され過ぎちゃって
ニョッキリ伸びた目（？）が
二つあるだけ。
暗視ゴーグルっぽくもあるの
で「ナイトビジョン土偶」と
も呼んでいましたが、デメちゃ
んの方がかわいいのでデメ
ちゃんと最近は呼んでいます。
顔部下のラインがニッコリし
た口に見えなくもない、なん
ともいえない土偶です。

カオナシさん（ズ）

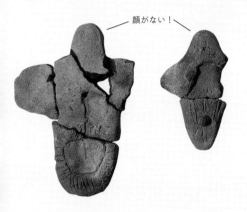

顔がない！

当市茂辺地4遺跡ならびに村前ノ沢遺跡から出土した板状土偶たちです。

三内丸山遺跡などのそれと違うのは、みんなそろって「顔」の表現がないんですね。

なのでカオナシさん（ズ）。

一方、母胎表現と思われる下腹部の特徴的なモチーフなど、生命に係る表現に特化したアミュレット（お守り）的存在だったのかな、と思っています。

ミニマムくん

2.5cm

＜ほぼ原寸大＞

カオナシさん（ズ）の一つと同じく当市村前ノ沢遺跡から出土した土偶です。

形状はカオナシさん（ズ）の一つと同じで、ややひし形に頭・手・足を伸ばした姿ですが、その大きさは極めて小さく全長2.5cmほどしかありません。

道内の土偶研究者の方に見ていただき、一応道内では最小じゃないか？　とのコメントをいただいています。なお両腕部の間は貫通していて、ひもを通してぶら下げることができます。

本物 の遺物に
お触りできる！

本物!!

これも本物!!

土偶も!!

木古内町は、北海道新幹線や高規格道路建設工事に伴う発掘調査によって、多くの遺跡が発見されました。ここでは、出土した本物の遺物を間近で見るだけでなく「お触りする」というとても貴重な体験ができます！　本物の遺物の手触りや重さを感じてみてくださいね。

「札苅遺跡」からは板状土偶が多く出土。「新道4遺跡」は旧石器時代の細石刃の生産、製作の跡地だったことがわかり、「泉沢2遺跡」からは装身具と考えられる土製の黒玉などが出土しています。「大釜谷3遺跡」では副葬品の漆製品が多数発掘され、当時の埋葬方法の多様さや、社会的背景がうかがえます。

遺物に触れるときは、学芸員さんに声を掛けてくださいね！！

出身は木古内町、でもここにはいないの。

！ ご注意 ！

木古内町の新道4遺跡で出土した土偶、通称「キコちゃん」は、江別市の北海道立埋蔵文化財センターで見ることができます（P81）。

土偶
木古内町新道4遺跡

---

⑩ 木古内町郷土資料館「いかりん館」

所 在 地｜木古内町字鶴岡74-1　/　TEL｜01392-2-4366
開館時間｜9:00〜16:00
休 館 日｜月曜日（祝日の場合は翌平日）、年末年始、木曜日休館の場合あり

縄文さんぽ

札幌から1泊2日で
世界遺産をめぐる

Day1　　　　　　1日目

05:00 札幌市出発！

おやつとコーヒーを装備して、いざ出発。今回は高速道路を使わず、中山峠を越えてひたすら南へ！

09:15

しかべ道の駅

道路がすいていて予定より早く着きそうなので「しかべ道の駅」で休憩。お土産を買ったり、間欠泉のある有料エリアをチラチラ眺めたりして過ごします。

10:00

大船遺跡

張り切って開館時間に大船遺跡到着！
復元された竪穴住居や盛土遺構が良い感じで配置されていて、晴れていれば海に臨む壮大な景色を堪能できます。オーシャンビュー！フォトジェニック！
大船遺跡といえば、最大2.4mを超える深い竪穴住居が特徴。こんなにも深く掘った理由は不明なのだそう。縄文人は毎回どうやって家の中に入ったんでしょう？　ハシゴですかね？　床を張って地下室にしてたとか…？　妄想が膨らみます。

併設されている「函館市大船遺跡埋蔵文化財展示館」には、周辺にある遺跡のパネルや発掘の様子を再現したジオラマなどが展示されています。

11:30

早めのランチ

新鮮なお魚がたっぷり入った「海鮮バラちらし」をモリモリ食べて、パワーチャージ完了。

12:30

垣ノ島遺跡

太平洋に面した、縄文時代早期後半から後期後半の約6,000年にわたる遺跡。景色もよく広々として気持ちがいいので、ボランティアガイドさんの解説を聞きながらのんびり散策。

本物の遺物を発掘できる体験は、実際の発掘道具を使って慎重に掘り進めていくのが楽しいのでおすすめ！　絶対に遺物が出てくるハズレなしなところもうれしいポイント。

13:45

縄文文化交流センター

「垣ノ島遺跡」に隣接している「函館市縄文文化交流センター」(P18)。階段を下りて展示室へ。照明を落とした落ち着いた雰囲気の展示にテンションが上がります。
当時の縄文人の暮らしぶりや移動手段に思いをはせつつ、土器や石器、漆器、アスファルト、装飾品や土製品をじっくりたっぷり鑑賞。北海道最初の国宝土偶「中空土偶」が360度ぐるりと撮影できる展示コーナーは特におすすめ。

16:00
道の駅
縄文ロマン
南かやべ

あれこれお土産を購入。ここでしか食べられない「クルミソフト」は外せない！

…函館市街地へ

18:00
五稜郭
エリア
ホテル泊

ホテルにチェックイン。歩いて五稜郭エリアをぶらぶら散策。函館市のご当地グルメをテイクアウトして、ホテルのお部屋でパーティーナイト。

Day2　2日目

09:00
市立函館
博物館

函館市民の憩いの場、函館公園内にある「市立函館博物館」（P34）。
歴史的な建物の中はひんやりとした空気が漂い、時間がゆっくり流れているよう。考古コーナーで、お目当ての角偶や両面に顔がある土偶、ウリ坊土製品などを食い入るように見つめるメンバー一同。展示されている遺物は小さなものが多いので、スペースは少なめですが、じっくり見ていると時間を忘れます。

11:30
七飯町
歴史館

ランチの前に「七飯町歴史館」（P36）へ。きれいに並べられたミニチュア土器と通常の土器を見比べてウキウキ。小さな土偶や石器、用途不明の土製品などをゆっくり味わいます。
不思議な形の土製品、なにに使っていたんだろう？

13:00
道の駅
なないろ・
ななえ

妄想に疲れたので、道の駅でランチ。
七飯町の名産品を使ったメニューはどれもおいしそうで迷っちゃう！
ご当地自慢のお土産もいろいろ買っちゃう！

14:30
森町遺跡
発掘調査
事務所

「鷲の木遺跡」のガイダンス施設の「森町遺跡発掘調査事務所」（P20）。森町でしか発見されていない「いかめし」そっくりの「鐸形土製品」のほか、ネコっぽい！　と人気の通称「トリサキ土偶」や、大型の板状土偶、足だけしか見つかっていない土偶などなど、見どころが満載。
鷲の木遺跡のジオラマもあります。

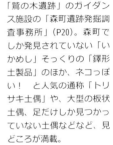

16:05
道の駅
縄文ロマン
南かやべ

閉館までたっぷり満喫したら、道の駅でちょっと休憩。おやつや飲み物を補充して、帰路へ。

20:00
札幌市
到着！

楽しかった旅を振り返りながら、安全運転で札幌市に到着！
なにか食べてお家に帰ろー。お疲れさまでした！

次は
道央方面へ！

縄文女子の妄想トーク

❀❀❀ 縄文のてしごと ❀❀❀

❀❀ 私たちは「土偶」をかわいいかわいい言ってるけど、縄文人にとって「土偶」って、実際はどんな存在だったんだろ？

❀❀ 命の誕生や再生、病気の回復への願いが込められたっていわれてるよね。女性や妊婦を形取ったものも多いし。

❀❀ 女性っぽく見えないのもあるよね、北海道最初の国宝「中空土偶（通称「カックウ」）」とか、札幌市 N30 遺跡の土偶とか、私には全然女性に見えないんだけど。

❀❀ そもそも遮光器土偶なんて、人間かどうかすら怪しいフォルムじゃない？ まさかあんな形の人がいたわけないし。精霊とかいう人もいるけど、どうなんだろ？

❀❀ 動物形の土製品は結構リアルなものも多いのに、土偶に関しては写実的な表現をしてないのってすごく不思議じゃない？ よみがえったら怖いとか、なにか理由があったんじゃないかな。

❀❀ もう、縄文人捕まえて問いただしたいわね。そこら辺にいないかしら。

❀❀ いやいや絶対いないから！

❀❀ 土偶って、大型で精巧なつくりのものもあれば、小さくて素朴な土偶もあるでしょ？ やっぱりそれぞれ用途が違ったのかな。大型の土偶は専門の土偶職人さんがつくっていたと思うの。時間も手間もかかるし、あれは素人ができる仕事じゃない！

❀❀ カックウを見ると、確かに精密さが尋常じゃないものね。巧みな作品はなにか重要なときに使うために大切にされていたんじゃないかしら。

❀❀ ガチの土偶師匠の側で、余った粘土を使って弟子や子どもたちが小さい土偶をつくって練習してたとか。

❀❀ それはありそう！ ミニチュア土器も上手なのとざっくりしたのあるよね。小さい土偶は子どものおもちゃだったり？

❀❀ 小さいのは持ち歩いたり身に着けるのにもちょうどいいよね、お守りみたいに。

❀❀ 函館市の戸井貝塚から出た「角偶」は 5cm くらいの大きさなんだけど、これをつくるには相当大きなシカの角が必要だったはずって学芸員さんが言ってたのよね。

❀❀ それも職人が削ったのかも。鹿の角ってかなり硬いのに、たくさん穴をあけているし、輪郭もすごく複雑だもん。

❀❀ なんか、土器や土偶に比べると、道具類ってちょっと地味なイメージない？

❀❀ 小さくて目立たないし、ちょっと地味に見えるところはあるかもね。でも、例えば弓矢の先に付ける「矢じり」ってあるじゃない？ よく、たくさんの矢じりをきれいに並べて展示しているでしょ？ あれ、大きさと形、つまり規格をそろえてつくられているの。

◎◎ きれいに並べられるってことは形がそろってるってことよね！ 今は機械で同じ形のものを大量生産できるけど、手作業であれだけそろえる技術ってもしかしてものすごいことなんじゃ…（ごくり）。

◎◎ 私、一度石器づくりの体験をしたことがあるんだけど、本当に難しかった！ 全然思うように割れなくて、殺傷能力なさそうな優しい石器に仕上がったわ…（泣）。

◎◎ 角や骨でつくられた釣り針も、今の仕組みと同じ「かえし」が付いているって、釣り好きの人が驚いていたことある！

◎◎ 針に細かい模様が彫られているのもあるんでしょ？

◎◎ それ見たことある！ そんな手の込んだ針、魚に持って行かれたら相当へこむと思うんだけど、本当に使ってたのかしら。

◎◎ 縄文人にとって獲物は「捕る」というより「神様からいただく」ものだから、神様に気に入ってもらえるように、丁寧につくるんだって聞いたことがあるよ。

◎◎ 相当気持ちこもってそうだもんね。

◎◎ 大変さで言ったら、金属製のドリルやレーザーもない縄文時代に、石や骨や貝に穴をあけてアクセサリーにする作業もかなり大変だし根気がいるよね。緑色がきれいなヒスイなんて、すっごく硬いんでしょ？ 1日かかって1㎜進めるかどう

かって聞いたことあるんだけど、私は絶対途中で挫折しそう…。

◎◎ 貝の平玉ネックレスは何連にもなっているものがあるんだけど、正面の真ん中が一番大きくて徐々に小さくなるように調整されてるの。これも規格をそろえる縄文人の驚異の技術力が発揮されてるよね。

◎◎ なんのためにつくったんだろ？ 好きな子にプレゼントするためだったりして。

◎◎ 愛が重すぎてちょっと引くわ…。

◎◎ 今の女性には重いかもね〜（笑）。

◎◎ それだけつくるの大変なら個人のためじゃないような気もするよね。例えば集落で成人を迎えた人に贈るとか…。

◎◎ お墓の副葬品にされていることも多いから、身に着けるにしても特別なときだったんだろうね。普段のアクセサリーは、その辺の花や草を巻いたり、鳥の羽みたいに軽いものだったんじゃないかな。石や貝は重いし冷えるし。

◎◎ なんか実物を見たくなってきちゃった！ ちょっと博物館行ってくるわ！

◎◎ ちょっと待って！ 私も行くー！

★縄文をこよなく愛する縄文女子たちが個人の主観に基づいて楽しくおしゃべり。学術的に正しいかどうかは置いておいて、素人目線の「こうだったのかな」「こうだったらいいな」という妄想ワールドを繰り広げます。温かい目で見守っていただけたらうれしいです。

異形石器

いけいせっき

石器は普通、矢じり、ナイフ、おのなど、目的によってある程度決まった形をしていますが、中には異なる形をした石器がしばしば見つかります。人や動物のように見える物、実用には適さない形状の物などがあり、総称して「異形石器」と呼ばれています。目的も用途もはっきりしたことはわかっていないそう。

これらは一体なんのためにつくられたのでしょう？

槍の先

ナイフ

キリ

矢じり

道央

Central Hokkaido

これぞ、縄文ライフ

縄文ハンバーグ

おろしがね状土製品

縄文人は料理上手だったのかもしれない。

ホッキガイやビノスガイの貝殻に、動物の肉片と植物などを詰めて焼いた「縄文ハンバーグ」が「忍路土場遺跡」から出土しています。おろしがね状土製品も多数見つかっていることから、縄文ライフには欠かせない道具だったのかもしれません。

外壁に軟石を張り巡らせ、かわらぶきの屋根が特徴の小樽市総合博物館運河館は、明治26年に建てられた「旧小樽倉庫」の一部を利用しています。お目当ての考古コーナーは、第2展示室の一番奥にあります。

グッとくるポイント！

忍路土場遺跡出土土器

空間を利用した展示方法で見応え抜群！　美しいフォルムの土器にうっとり。

11 小樽市総合博物館　運河館

所 在 地｜小樽市色内 2-1-20 ／ TEL｜0134-33-2523
開館時間｜9:30〜17:00
休 館 日｜年末年始（12/29〜1/3）

土器じぃ
じゃよ

どこかにいる
土器ばぁ

キュートな
おひげ

自立できない2本足

土器じぃ

二足土器（山岸コレクション）
余市町大川遺跡

ぽってりと丸みのある形とおひげのように見える文様、自立できない小さな2本の足がとても愛らしい土器です。館のキャラクター「土器じい」のモデルになっています。

実はこの土器、一緒に発掘された生き別れの「土器ばあ」がどこかにいるらしいのです。「土器じい」は町民から寄贈されたため出土状況などはよくわかっておらず、「土器ばあ」の行方もいまだ謎のままです。

モイレ山の頂上にある、よいち水産博物館は、余市町内の遺跡から出土した遺物を展示しています。企画イベントも豊富なので、何度行っても楽しめます。

グッとくるポイント！

ユニークな形の遺物に夢中

海の町ならではの、ウニやヒトデに似た土製品のほか、びっくりするくらい長い徳利形土器など、個性派ぞろいの遺物がたくさん！

4本足の石皿

ヒトデちゃん

なが〜〜〜い徳利

ウニ

---

12 よいち水産博物館

所 在 地｜余市郡余市町入舟町 21 番地 ／ TEL｜0135-22-6187
開館時間｜9:00〜16:30
休 館 日｜月曜日（祝日の場合は翌平日）、祝日の翌日、冬期間（12月中旬〜4月上旬）

続縄文人に
翼はあったのか

フゴッペ洞窟は続縄文時代の洞窟遺跡です。洞窟内には、800を超える刻画があります。それらは人、舟、魚、海獣、動物、植物なのか…。中には角や翼が生えた人のように見えるものもあります。国内で見られる岩壁刻画は、フゴッペ洞窟と小樽市手宮洞窟の2カ所のみで、世界的にも貴重な考古遺産として保護されています。

◉◉◉ グッとくるグッズ！ ◉

フゴッペ洞窟オリジナルグッズ

ここでしか買えない限定グッズはぜひ入手して！

フゴッペ洞窟オリジナルTシャツ
（サイズ：S／M／L／XL）

ネイビー

チャコール

※ネイビーはドニワ部オンライン
ショップでも購入可能です

フゴッペ洞窟限定
缶バッジガチャ

ガチャの台は
余市産「緋衣」の
リンゴ箱！

13 国指定史跡　フゴッペ洞窟

所 在 地｜余市郡余市町栄町87　/　TEL｜0135-22-6170
開館時間｜9:00～16:30
休 館 日｜月曜日（祝日の場合は翌平日）、祝日の翌日、冬期間（12月中旬～4月上旬）

博物館の怖い話

VOL.01 錫杖

博物館には、

いろいろな「モノ」が出入りする。

シャン シャン シャン

錫（しゃく）杖（じょう）

某博物館 事務所

事務所の近くに

偉い先生の部屋があり、

その部屋を出入りすると独特な開閉音が聞こえてきた。

そこの扉は老朽化で建て付けが悪く、

いやいや……

先生、脚を折って入院してるし来ないよ。

あら……先生帰ってきたね・・・

？

ほら、でもさぁ 扉の音してシャンシャン聞こえたから。

ギュン!! バタン!! シャンシャン!! 闇

58

その「先生」は、足首を骨折して入院中だったので、

部屋には誰もいないハズだった…

先生は、シャンシャンさせないから…。

そも
そも

……ッ!!!!

……。

今回の
出来事は
信じる？

言いかた…

はい…。

「錫杖」の他に、「サンダル」や、「銃剣」にまつわるモノも

出入りするというが、信じるかどうかはあなた次第…

博物館の怖い話

VOL.02 銃剣

…が、中にはどうしても迎え入れられないモノもある。

博物館には、いろいろな「モノ」が集まってくる。

<ruby>銃<rt>じゅう</rt></ruby> <ruby>剣<rt>けん</rt></ruby>

どれも貴重だな…。

ん—…。

…これ多分、戦中のアレだ

某所・提供者宅

赤

とにかく赤いんです！

赤いアクセサリーたち
恵庭市カリンバ遺跡

赤いくし、赤い腕輪、赤い腰飾帯。これらは全て「カリンバ遺跡」で出土した漆塗りの装身具。

恵庭市郷土資料館のカリンバ展示室では、重要文化財に指定された397点の装身具、玉、石棒、土器、サメの歯など他では見られない種類の遺物が展示され、その数に圧倒されます。

約4万年前に支笏火山が噴火し、その火山灰でできた恵庭の大地に人が住み始めたのは、7,000年前ごろから。縄文時代から現在に至るまでの人々の営みを土器や模型、パネルなどで見ることができる施設です。

 グッとくる図録！

恵庭市教育委員会／カリンバ遺跡と恵庭市史料デジタルアーカイブにて、図録やパンフレット、「漆塗り櫛」と「注口土器」の3D画像を閲覧することもできます。

図録も赤い！

カリンバ遺跡と恵庭市史料
DIGITAL ARCHIVE

---

14 恵庭市郷土資料館

所 在 地｜恵庭市南島松 157-2 ／ TEL｜0123-37-1288
開館時間｜9:30〜17:00
休 館 日｜月曜日（祝日の場合は翌平日）、毎月最終金曜日（祝日の場合は翌平日）、
　　　　　年末年始（12/28〜1/3）

ずっとずっと一緒だよ

こんなふうに
重なり合って
出土しました

板状土偶
江別市大麻3遺跡

2体の板状土偶が、ほぼ完全な状態で重なり合って出土しました。このように一つの遺構からペアで発見されるのはとても珍しく、国内では他に例がないとのこと。なぜペアで重なっていたのか…。

館内には、漁労に使われたであろう木製品、玉類や石器類などの副葬品も多数展示しています。

この地が石狩川を利用した交易の重要な拠点であったことを豊富な資料から知ることができます。

グッとくるポイント！

時代ごとにずらりと並べられた土器に圧倒！

土器の陳列棚にはガラスがないので、間近でじっくりと観察して、思う存分撮影できます！（一部ガラスケースに収められた遺物もあります）。オーソドックスな土器から変わった形の土器までたくさんそろっているので、お気に入りの土器を探してみてくださいね。

どこに展示してあるか探してみてね

ドニワ部のお気に入り土器
口縁部は三角形、胴部は円形の「江別C₁式土器」

15 江別市郷土資料館

所 在 地｜江別市緑町西1丁目38 ／ TEL｜011-385-6466
開館時間｜9:30〜17:00（入館は16:30まで）
休 館 日｜月曜日（祝日の場合は翌平日）、祝日の翌日、年末年始（12/29〜1/3）

縄文人も大好きな サケ

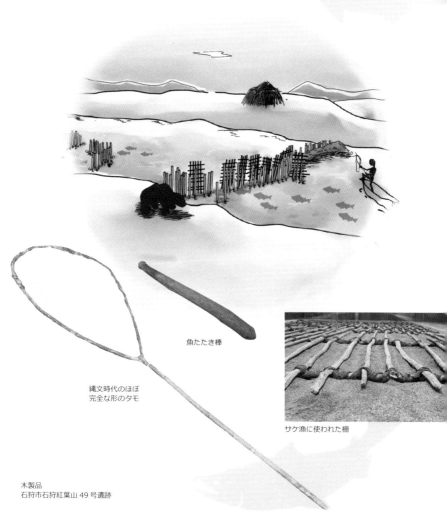

魚たたき棒

縄文時代のほぼ
完全な形のタモ

サケ漁に使われた柵

木製品
石狩市石狩紅葉山 49 号遺跡

約4000年前、石狩川ではすでにサケ漁が行われていました。当時の縄文人は木製の支柱と柵でできた「魚類捕獲施設」を川の中につくり、サケを捕っていたことが発掘資料を見るとわかります。

木製の遺物は、湿地など土中の水分量が多く、特別な条件の下でしか出土しないためとても貴重です。「石狩紅葉山49号遺跡」は、全国的にも数少ない縄文時代中期の低湿地遺跡で、多くの木製品が出土しています。

グッとくるポイント！

日本で初めて缶詰工場ができた場所、石狩

手動の缶詰マシンを使ってあなただけのオリジナル缶詰をつくることができます。中に入れたいものを持参してくださいね。

缶詰マシン
（手動）

なにを入れる？

開拓使石狩缶詰所時代のサケ缶を復元したレトロなデザインのラベルもかわいい

16 いしかり砂丘の風資料館

所 在 地 | 石狩市弁天町 30-4 / TEL | 0133-62-3711
開館時間 | 9:30～17:00
休 館 日 | 火曜日（祝日の場合は翌平日）、年末年始

From the
NORTH
From the
SOUTH

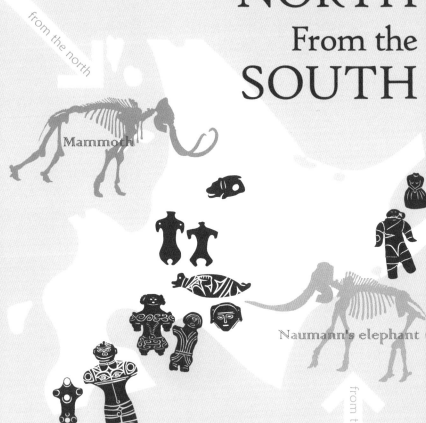

from the north

Mammoth

Naumann's elephant

from the south

北海道博物館は、北海道の自然、歴史、文化を紹介する総合博物館です。

旧石器時代から擦文時代の北海道全域の遺物が、一同に見られるのはここだけ！

北から来たマンモスゾウと南から来たナウマンゾウの復元全身模型が出迎えてくれるエントランスから、北海道の歴史をめぐってみましょう。

グッとくるポイント！

北海道各地の珍しい遺物がたくさん

渦巻き文様

鳥崎式土器
森町鳥崎川遺跡
縄文後期（4,000〜3,000 年前）

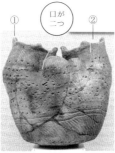

①
口が二つ
②

双口土器（タンネトウ L 式）
恵庭市柏木川遺跡
縄文晩期（3,000〜2,300 年前）

ミニチュアの舟と櫂（かい）

木製品（複製）
羅臼町松法川北岸遺跡
オホーツク文化期（5〜9 世紀）

17 北海道博物館

所 在 地｜札幌市厚別区厚別町小野幌 53-2　／　TEL｜011-898-0466
開館時間｜（5 月〜9 月）9:00〜17:00、（10 月〜4 月）9:30〜16:30
休 館 日｜月曜日（祝日の場合は翌平日）、年末年始（12/29〜1/3）

北海道の開拓魂

ゴシックとロマネスクの混ざり合った建築様式。1929年の建築以来90年代後半まで、理学部本館として使われていましたが、その後は自然史系の標本類を多く展示する博物館に。化石や鉱物、動植物などの標本は札幌農学校として始まって以来100年以上も収集され、今も増え続けています。北海道大学総合博物館は貴重な「タイプ標本」を所有する博物館です。

18 北海道大学総合博物館

所在地｜札幌市北区北10条西8丁目　/　TEL｜011-706-2658
開館時間｜10:00〜17:00
休館日｜月曜日（祝日の場合は翌平日）、年末年始（12/28〜1/4）

1億年の時間旅行を満喫

建物に入るとすぐに見えてくる巨大アンモナイトの化石は日本最大！　直径はなんと1.3m。1億年前の白亜紀の海中をイメージした三笠市立博物館の館内。アンモナイトの展示数は日本一、いや世界の中でも例を見ないとか。

日本のアンモナイト化石のほとんどは、北海道で発見されているのをご存知ですか。遠い昔、海だったこの場所は今、古代生物の進化の歴史を学ぶことができる貴重な博物館になっているのです。

グッとくるポイント！

形も名前も！　個性豊かなアンモナイト

世界最大の
アンモナイト
実物大模型

直径
2.5m

でかい！

異常巻き
アンモナイト

一般的に想像するアンモナイトとは違い、巻きがほどけた不思議な殻の形をした種類のアンモナイトのこと。病気や奇形ではありません。

ユウボストリコセラス
ジャポニカム

ダメシテス
ダメシ

ユニークな
名前の
アンモナイト

アニソセラス属の一種

19 三笠市立博物館

所 在 地｜三笠市幾春別錦町1丁目212-1　/　TEL｜01267-6-7545
開館時間｜9:00〜17:00（入館は16:30まで）
休 館 日｜月曜日（祝日の場合は翌平日）、年末年始（12/30〜1/4）

N30の謎に迫る

FILE.01

作者：紅蛇
年齢：20代
制作に当たり：知識欲はあるけど最新の機器を扱うのが苦手なおじさん（40代後半）。メモ帳などにいろいろ書いている。多分ガラケー。片方の口角だけ上げて笑う癖がある。土偶の正面ではなく横向きの写真を元に擬人化しました。

FILE.02

作者：To.t（たあと）
年齢：レベル37
キャラ名：N忍者 三〇（みお）
制作に当たり：N30のNは忍者のN。つり目と含んだ笑いを意識しました。

北海道札幌市に存在する「N30」について、
さまざまな年代の目撃者からの似顔絵を入手した。
N30とは一体何者なのか…。

FILE.03

作者：Koyuking
年齢：13歳
キャラ名：魅紅（みく）
制作に当たり：女の子にも男の子にも見えるよう
に描きました。模様がボタンとボタンをつなぐロー
プのように見えたので、王子さまの服装をイメー
ジし、腰に縄のロープを付けました。

FILE.04

作者：代柳 司（しろなぎ つかさ）
年齢：12歳
キャラ名：キャラの名前はないそうです。
制作に当たり：性別がわからない土偶だとわかっ
たので、イラストでもどちらでも良い中性的な雰
囲気をイメージしました。
こだわったところは土偶の柄も入れつつ、その時
代の服装のイメージで描いたところです。

FILE.05

作者：上田 忠太郎
年齢：40 代
タイトル：N30 現る！
制作に当たり：2,300 年前の遺物との出会いはまさに奇跡（wonder）！ とのイメージをしながら製作しました。
多くの土偶が女性であるとされているので、女性型としました。
土偶表面の模様は死者に包帯のような布を巻いているとの説もあり、衣装の一部としました。

FILE.06

作者：nina
年齢：50 代
キャラ名：エヌくん（まんま）
制作に当たり：この土偶は切れ長のイケメンにしか見えなかったので、とにかくシュッとしたイケメン！ で貫き通しました。
イケメン好きの方に喜んでいただけたら幸いです！

FILE.07

作者：Y27
年齢：50代
キャラ名：目力僧侶
制作に当たり：まるで1万年以上生きているかの
ごとく…悩みにぶつかったとき、冷静に自己と向
き合うアドバイスをしてくれます。
キリッとした瞳の奥に優しさが見える僧侶は34歳。
耳の位置が高く、動物的勘を持ち合わせています。
普段、声は低く小さめですが、おいしいものを食
べると少し声が高くなります。

FILE.08

作者：のりお
年齢：50代
キャラ名：エコリアチ（通称：エコさん）
制作に当たり：キャラの名前は宝物を集めるとい
う意味（たくさんの埋蔵品があったことから）

謎は深まるばかり…。N30の正体は次ページで

私が
イケメン土偶
N30です

土偶
札幌市 N30 遺跡

土偶は女性を表しているものが多いと言われていますが、札幌市の「N30遺跡」から出土した土偶は、切れ長な目、鼻筋の通った顔に、さわやかな笑みを浮かべ、がっちりとした体型で男性的に見えます。ちまたでは「イケメン土偶」と呼ばれ、ファンも多い土偶です。

札幌市埋蔵文化財センターの館内に展示されている遺跡分布図を見ると、札幌市内には驚くほど多くの遺跡があることがわかります。旧石器時代からアイヌ文化期まで、それぞれの文化を伝える遺跡と出土した遺物を展示しています。

◉◉ グッとくるポイント！ ◉

続縄文人の日々の営みが垣間見えるジオラマ

漁労の場面は約1,700年前頃の札幌市K135遺跡を、集落は続縄文前半期のせたな町南川遺跡や江別市の旧豊平河畔遺跡などをモデルにしています。

20 札幌市埋蔵文化財センター

所在地｜札幌市中央区南22条西13丁目　/　TEL｜011-512-5430
開館時間｜8:45〜17:15
休館日｜祝日（除く5/3〜5、11/3）、振替休日、年末年始

わたしの
上半身はどこ？

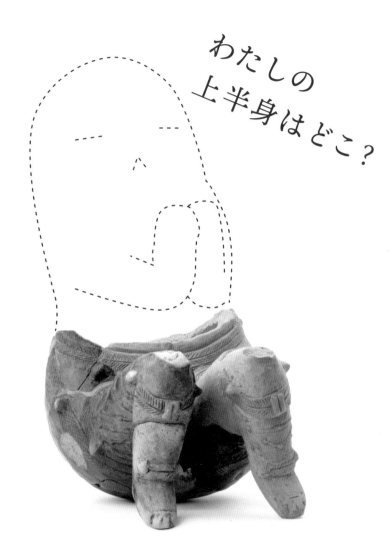

土偶
千歳市キウス4遺跡

写真は、キウス4遺跡から見つかった土偶の脚部。赤く塗られています。1/4 しか見つかっていませんが、完全な形は、八戸市風張遺跡出土の国宝・合掌土偶と同じような形になるのではないかと想定されています。ぜひ、実物を見にきてください。

北海道立埋蔵文化財センターの一番人気は、無料の体験学習「縄文工房」。滑石を利用した勾玉・管玉・丸玉などの各種「玉づくり」、おがくず粘土を利用した「ミニ土器づくり」「土偶づくり」、色砂を使い、土器や石器の砂絵を完成させる「砂絵体験」などがあります。（文：北海道立埋蔵文化財センター）

◎◎ グッとくる ポイント！ ◎

センター職員おすすめの遺物ベスト3

なんの形？

異形石器
千歳市キウス7遺跡

木古内町出身「キコちゃん」はここにいます（P45）

土偶
木古内町新道4遺跡

踊りだしそう

土偶
千歳市美々4遺跡

つぶつぶ

岩偶
千歳市梅川4遺跡

ちょっと似てる？

角偶
函館市戸井貝塚
（P34参照）

---

21 北海道立埋蔵文化財センター

所 在 地｜江別市西野幌685番地1 ／ TEL｜011-386-3231
開館時間｜9:30〜16:30
休 館 日｜月曜日、祝日、年末年始（12/29〜1/3）

クマちゃんスプーンを
見に行こう！

骨角器
伊達市有珠モシリ遺跡

「有珠モシリ遺跡」から出土した続縄文時代のさじ状の骨角器は、かわいいクマちゃんの意匠がひときわ目を引きます。普段使いのスプーンにしては、手が込み過ぎていませんか。

だて歴史文化ミュージアムは、南と北の文化が交差する伊達エリアならではの資料を紹介。縄文時代から現代に至るまでの遺物を、視覚的にも工夫を凝らし、わかりやすく展示しています。亘理伊達家旧蔵品も常時展示していて、戦国武将や刀剣好きの方にもおすすめです。

グッとくるポイント！

北海道に生息しない貝は、交易の証

琉球諸島の「後期貝塚時代人」が捕ったイモガイは、九州北部の「弥生人」の元に運ばれて加工されました。その腕輪が青森県を経由し、北海道の「続縄文人」の手に渡ったと考えられています。

イモガイの貝輪／伊達市有珠モシリ遺跡

22 だて歴史文化ミュージアム

所 在 地 ｜ 伊達市梅本町 57 番地 1　／　TEL ｜ 0142-25-1056
開館時間 ｜ 9:00〜17:00（入場は 16:30 まで）
休 館 日 ｜ 月曜日（祝日の場合は翌平日）、冬期間（12 月〜2 月）

恐竜ワールド
むかわ

縄文文化が栄えるはるか昔、この土地は海でした。

むかわ町穂別博物館のエントランスいっぱいに展示された「ホベツアラキリュウ」は、全長8mの首長竜。博物館建設のきっかけとなった化石です。

海の生物化石は、「モササウルス・ホベツエンシス」「フォスフォロサウルス・ポンペテレガンス」「メソダーモケリス・ウンデュラータス」など。陸の生物化石は「カムイサウルス・ジャポニクス」や「アノマロケリス・アングラータ」など、海と陸の両方の貴重な資料を展示しているのが特徴です。

博物館を中心に周辺エリアを再整備予定！

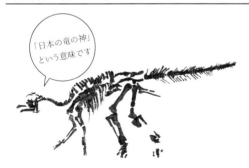

「日本の竜の神」という意味です

博物館周辺エリアの再整備基本計画が進行中です。対象となる施設は、2024年度に着工し、26年度の完成を目指しています。博物館では、道内初の新属新種の恐竜として知られるカムイサウルス・ジャポニクス（通称・むかわ竜）の全てを紹介する予定です。

23 むかわ町穂別博物館

所 在 地｜勇払郡むかわ町穂別 80-6　/　TEL｜0145-45-3141
開館時間｜9:30〜17:00（入館は 16:30 まで）
休 館 日｜月曜日（祝日の場合は翌平日）、年末年始

シカの落とし穴の密度
道内一

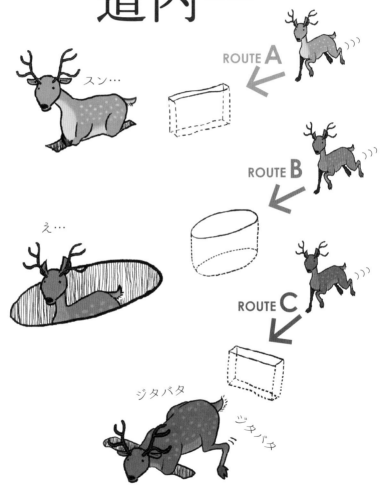

ROUTE **A**

スン…

ROUTE **B**

え…

ROUTE **C**

ジタバタ

ジタバタ

縄文中期から後期（約 3,700〜4,000 年前）の富岸川右岸遺跡で、シカを狩るための落とし穴が約 5,300m^2 に 300 カ所以上も発見されました。1,000m^2 当たりの落とし穴（Tピット＝P141）密度は道内最大です。これらの落とし穴は、同時期に掘られたものではなく、200 年から 300 年の間に段階的に掘られたとされています。

のぼりべつ文化交流館には落とし穴の模型、シカになりきれる帽子やシカ角の重さを体感できるヘルメットが用意されているので、落とし穴にはまったシカの気分を満喫できます。

◉◉◉ グッとくるポイント！ ◉

縄文人のコスプレができる！

JOMON collection

縄文時代の服を着て　当時のトレンドを感じてみて

24 のぼりべつ文化交流館

所 在 地｜登別市登別温泉町 123 番地　／　TEL｜0143-84-2069
開館時間｜（4月〜10月）10:00〜17:00、（11月）10:00〜16:00
休 館 日｜月曜日（祝日の場合は翌平日）、祝日の翌日、冬期間（12月〜3月）

縄文さんぽ 札幌から日帰りで楽しむ

START

[08:30]
札幌市出発！

今回は近場なので、ゆっくり出発！ 海を眺めながら小樽市に向かいます。

[09:30]
小樽市
総合博物館
運河館

小樽運河沿いに位置する「小樽市総合博物館　運河館」（P52）へ。
明治26年に建てられた「旧小樽倉庫」を利用した建物は、小樽市の雰囲気にマッチしていて観光気分が上がります。

お目当ての考古コーナーは、第二展示室の一番奥！ 小樽の自然コーナーを抜けて、フゴッペ洞窟のレプリカトンネルをくぐると、自然コーナーのシカを狙う縄文人がお出迎え。壁面をぜいたくに使った「忍路土場遺構出土土器」コーナーは繊細なつくりの土器たちがきれいに並んでいます。

火起こし体験コーナーでは、縄文時代の火起こしをゲーム感覚で体験できます。

[10:30]
ちょっと
お買い物

同じ並びにある小樽市観光物産プラザ（運河プラザ）で観光情報を仕入れつつお買い物。

[11:30]
手宮洞窟
保存館

小樽市総合博物館本館のすぐそばにある「手宮洞窟保存館」へ。この後行く「フゴッペ洞窟」と合わせて、国内に2カ所しかない岩壁刻画がある国指定史跡です。薄暗い洞窟内で不思議な形の刻画をじっくり眺めます。

[12:00]
小樽市内で
ランチ

お腹がすいたので、小樽名物のあんかけ焼きそばを食べて、エネルギーチャージ。午後からもいろいろ見て回るぞ〜！

 …余市町へ

[13:00]
フゴッペ
洞窟

小樽市から余市町に移動し、もう1つの岩壁刻画「フゴッペ洞窟」（P56）へ。実際の洞窟内は遺物保存の関係で照明が落とされていて、よく見えない部分もありますが、壁一面に多様なモチーフが刻まれているのが分かります。
館内には800を超す刻画の全体像も掲示されていて、何を表しているのかを妄想したり、お気に入りの刻画に名前を付けたりと大はしゃぎ。
ここにしか売っていないグッズを買って、オリジナル缶バッジのガチャを回して、次の目的地へ。

14:00

道の駅
スペース・
アップル
よいち

休憩がてら道の駅へ。
余市町の特産品をあれこれ物色。宇宙食は買うべきだろうか…。ここでも、フゴッペ洞窟のグッズが一部販売されています。併設されている「宇宙記念館」は、余市町出身で日本人初の科学者宇宙飛行士・毛利衛さんの業績のほか、デジタルプラネタリウムや3Dシアターなどがあり大人から子どもまで楽しめます。一見縄文と関係なさそうなこの施設の片隅に、余市町内の遺跡で出土した土器、石器、木製品などを紹介する「特別展示コーナー」があるんです。思いがけない所で、遠慮がちにひっそりと展示されている土器や木製品にしばし夢中に。

15:00

よいち水産
博物館

モイレ岬の坂をビューンと登って、壁から船の先端が突き出している特徴的な外観の建物「よいち水産博物館」（P54）へ。時間があまりないので、迷わず2階の考古コーナーへ。
公式キャラクター「土器じぃ」のモデルになった土器をまずはチェック！ ぷっくりとしたフォルムとおひげのような文様にほっこり。なにに使ったのか妄想し放題の、おもしろい形をした土製品や土器、土偶などをゆっくり眺めてホクホク。

ほかにも、ニシン漁の道具など、余市町の歴史がわかる展示にワクワク！
余市地方でアイヌの人々が神具として使っていた木彫りのシャチ「カムイギリ」が中央に飾られたアイヌコーナーは、ブルーでまとめられた空間で、写真撮影も楽しい！

17:30

西崎山
ストーン
サークル

閉館時間までたっぷり楽しんだ後は、シリパ岬に沈む夕日を眺めに「西崎山ストーンサークル」へ。
駐車場から遊歩道を通ってゆっくり山頂へ、長径17メートル、短径12メートルの楕円形をしたストーンサークルが現れます。夏至の頃には夕日が差し込んで石が燃えているように見えるのだとか。山頂から海を見下ろして、夕暮れ時のピンク色の景色にウットリ。帰り道が怖いので、本格的に暗くなる前に撤収！

19:00

札幌市
到着！

安全運転で札幌市に到着！なにか食べてお家に帰ろう。お疲れさまでした！

次は
オホーツク
方面へ！

縄文女子の妄想トーク

○ ストーンサークル ○

ねぇねぇ、縄文時代後期につくられてたストーンサークルってあるじゃない？　あの石を丸く並べたやつ。あれって祭祀や儀礼の場だって言われてるけど、実際は何をやってたと思う？

祈りもあるかもだけど、情報交換とか男女の交流の場だったんじゃない？　お祭りのついでに街コン開催！　みたいな。

普段ほかの集落の人との交流はそんなになかっただろうし、お祭りなんかがあったなら確かに出会いの貴重な機会よね。ちなみに当時はどんな人がモテたのかしら？　やっぱり顔？

縄文時代のイケメンってどんな顔だったんだろうね〜？　みんな濃いめの顔だったんでしょ？　私塩顔がタイプだから、好みの顔の人見つけるの大変かも！　顔以外なら、歌や踊りがうまいとか？

私は断然筋肉かな！　ムキムキマッチョの人って、生命力も生活力もありそうで頼もしくない？

縄文時代は環境的にも筋肉大事そうよね。強い子どもを授かれそうだし。確かにマッチョはモテるかも。

私は「におい」フェチだからにおいもモテ要素の一つだと思うなー。顔が大好きでもにおいで無理！　ってことあるもん。

あー…（察し）。

逆に、例えば暗い場所でにおいがめっちゃ好き！　って思ってたのに、明るくなって顔を見たら…なんてことも…。

あったかもね〜。切ないわ…。

さっき強い子どもを授かるならって話があったけど、小さな集落の中だけで結ばれていくと、死産だったり奇形や障害を持った子が生まれてくるって聞くじゃない？　「血が濃くなる」って言うよね。そういうのって縄文人もわかってたのかな。

きっと小さな命が失われる場面に何度も直面してるはずよね。どうしたら子どもたちを失わずに済むのか、必死で考えたんじゃないかしら。長い年月をかけて、子孫繁栄には集落外の人と交わる必要性を知ったのかもね。

だとしたら、ストーンサークル街コン（勝手に言ってるけど）は、かなり重要な目的を持つことになるわね。

例えば夏至の頃に交流があったら、翌年の4月ごろに子どもが生まれるから、寒い季節を避けて出産できるとかね。

そっかー。だから夏至の日の太陽を目印にするようなストーンサークルが多いのかな。ストーンサークルって小高い丘とか山の上にあることが多いから、遠くからも見えて目印として最適だしね、すごい！

同じ時期に一斉に出産したら、みん

北海道の縄文遺跡や遺物のPR活動に力を注ぐ、縄文沼の女神様

縄文とカエルをこよなく愛し、オリジナルグッズ販売やイベントで大活躍

縄文の技に感動し、縄文愛に目覚め、現在普及活動中！
No Beer
No Life!

縄文大好き2児の母。身近なところに縄文を見つけ、親子で楽しんでいる

なで協力して子育てができるよね。

🔘 もし体調が悪かったりおっぱいが出ないお母さんがいても、ほかの元気なお母さんがカバーできるし。

🔘 粉ミルクがあるわけじゃないし、母体に負担がかかりすぎると命に関わるものね。同じくらいの月齢の子をみんなで育てるっていうのは、合理的でお母さんにも子どもにも優しいシステムなのかも。

🔘 そうは言っても、元気な子どもを産めておっぱいがたくさん出る女性は人気だったんじゃない？

🔘 おっぱいを強調した、ズバリおっぱい！ の土偶が多いのも、なにか関係あるかもしれないよね。

🔘 岩手県で出土した土偶「縄文ぽいん」は「母の印」を意味してるそうね。名付けた人のセンス最高よね！ ぼいんぼいーん！

🔘 ちなみに、日本最古の土偶もおっぱいよ。むしろおっぱいしかない。

🔘🔘🔘 おっぱいめっちゃ大事～！

🔘 まぁ、おっぱいはこれくらいにして、ストーンサークルの周辺からお墓が出土することもあるんでしょ？

🔘 縄文時代のお墓って、男性と女性を意味するものが一緒に埋葬されていること

があるみたいね。いつも男女は一緒にってことなのかな。

🔘 江別市では、男女ペアと言われる板状土偶が重なりあって出土しているよね。

🔘 男性のお墓には女性を表す石皿が、女性のお墓には男性を表すすり石が埋葬されているケースもあるの。これも対ね。

🔘 男女ペアにすることで生まれ変わりを願っていたのかもってことね。深いわ～。

🔘 ストーンサークルは、先祖が眠る場所であり、男女が出会って次の命をつなげていく場所でもあるのね。命の循環を象徴しているから、円形（サークル）なのかも。

🔘 遠くから重い石を運んできて、何年もかけてつくるくらいだから、それだけ価値ある場所だったってことは確かだよね。

🔘 命の終わりと新たな誕生…。ストーンサークルは思っていた以上に深い意味がある場所だったようね。

🔘 なんだか実際に見て確かめたくなっちゃった！ 今度みんなで行ってみない？

🔘 恋愛のご利益ありそうだし、行く行く～!! ねぇねぇ、どこから回る？

★縄文をこよなく愛する縄文女子たちが個人の主観に基づいて楽しくおしゃべり。学術的に正しいかどうかは置いておいて、素人目線の「こうだったのかな」「こうだったらいいな」という妄想ワールドを繰り広げます。温かい目で見守っていただけたらうれしいです。

道北

Northern Hokkaido

笑うクマちゃん

ラッコ…?

ロシアから来ました

<占守島>
ラッコ形彫刻

ワハハハ

<稚内市>
クマ形土製品

双口土器

<岩内町>

北海道の遺物大集合!

染色体土器
(ほんとうはオホーツク式土器)
<枝幸町>

フゴッペ洞窟の壁画片
<余市町>

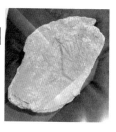

江別式土器
<江別市>

旭川市博物館に来ると、函館市、岩内町、余市町、江別市、オホーツク、稚内市など北海道一円、さらには占守島（ロシア）から出土した遺物を見ることができます。なんとぜいたくなことでしょう。

展示室は、上層階と下層階に分かれています。上層階はアイヌの人々が生きてきた様子を、下層階は大雪の山々が与えてくれる豊かな自然と人間の関わりを詳しく知ることができます。

🔗 グッとくるポイント！

旭川市出土の遺物だってもちろんあります

土偶（複製品）
旭川市ウッペツ川河畔

中茶路式土器
旭川市錦町2遺跡
縄文早期

押型文土器
旭川市永山8遺跡
縄文中期

25 旭川市博物館

所 在 地｜旭川市神楽3条7丁目旭川市大雪クリスタルホール内　/　TEL｜0166-69-2004
開館時間｜9:00〜17:00（入館は16:30まで）
休 館 日｜10月〜5月の第2・第4月曜日（祝日の場合は翌平日）、年末年始（12/30〜1/4）

まるで
貴婦人のような
たたずまい

歯牙製女性像および動物像／礼文島
撮影：佐藤雅彦

この婦人像と動物像は、昭和の初めにお寺の住職によって礼文島の砂丘で発見されました。素材はマッコウクジラの牙とされており、おなかに手を添え、ドレスをまとったような姿が特徴です。ほかのオホーツク文化遺跡からも同じようなポーズの婦人像（p104）が出土しています。少しうつむいた姿勢でおなかを守っているようにも見えます。

礼文島内の遺跡から出土した遺物をはじめ、島の歴史や自然がわかる展示施設です。

◎◎◎ グッとくる ポイント！ ◎

すごい量のビノスガイ貝製品

保存状態が極めて良い貝製品が大量に出土しています。お墓の副葬品でもあるビノスガイの平玉は、腕や腰、足に巻き付けられた状態で出土しました。

礼文町船泊遺跡
撮影：佐藤雅彦

---

26 礼文町郷土資料館

所 在 地｜礼文郡礼文町大字香深村字ワウシ　/　TEL｜0163-86-2119
開館時間｜8:30〜17:00
休 館 日｜月曜日（祝日の場合は翌平日）、6月〜9月の間は無休、冬期間（11月〜4月）

あなたは行きますか？　それとも…

小平蘂川の工事により見つかった、擦文時代最大の集落跡「高砂遺跡」で、焼失し炭化した住居跡が発見されました。焼けた住居跡と住居跡から見つかった土器を移設展示したのが「高砂遺跡焼失住居展示施設」です。

町の貴重な考古資料を、外からそっと見守りましょう。

27 高砂遺跡焼失住居展示施設

所 在 地｜留萌郡小平町字小平町 458-19 ／ TEL｜0164-59-1159

オホーツク文化

5〜7世紀ごろに北からやってきて、オホーツク沿岸を中心に道北道東エリアに住むようになった人たちがいます。彼らの文化を「オホーツク文化」、その担い手を「オホーツク人」と呼びます。

主に漁労や海獣の狩猟などをし、豚を家畜にしていた地域もありました。五、六角形で大型の竪穴住居の一番奥には、クマの頭骨などを積み上げた祭壇のようなものがつくられていました。

「オホーツク式土器」の中には、特徴的な「ソーメン文」と呼ばれる細長い粘土ひもを使った装飾文様が付けられている物もあります。

サハリンや大陸系の人々と共通する骨格を持つオホーツク人は、埋葬方法も土器をかぶせるなど独特のやり方で縄文系の人々とは異なります。

9世紀以降になるとオホーツク文化は擦文文化に同化・融合・吸収されたとされます。

ドニワ部公式 Youtube チャンネル
DONIWA CHANNEL の動画もチェック！

もっと詳しく知りたい方には

「オホーツク文化とは？」
講師：札幌国際大学縄文世界遺産研究室室長 越田賢一郎氏

今から 1,500 年ほど前に北海道オホーツク海沿岸に広がった「オホーツク文化」について、オホーツク人とはどんな人たちだったのか、擦文文化、アイヌ文化、本州の土師器文化との関わりなどについて、わかりやすく解説しています。

トビニタイ文化

羅臼町トビニタイ遺跡から、オホーツク式土器と擦文土器の中間の特徴が見られる「トビニタイ土器」が発見されました。この土器を利用していた人々の文化を「トビニタイ文化」と呼びます。彼らが暮らした住居にもまた、両者の中間的要素が見られます。

オホーツク人と擦文人の間に抗争があったのか、平和に共存していたのか、いろいろな説がありますが、最終的には擦文文化に同化・融合・吸収されたといわれています。

各文化の土器と竪穴住居の特徴

土器や住居の形式に、オホーツク文化と擦文文化の中間的要素が見られます。

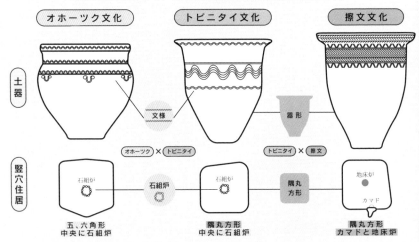

| オホーツク文化 | トビニタイ文化 | 擦文文化 |

土器

文様　オホーツク × トビニタイ　器形　トビニタイ × 擦文

竪穴住居

石組炉　　隅丸方形

| 五、六角形
中央に石組炉 | 隅丸方形
中央に石組炉 | 隅丸方形
カマドと地床炉 |

※地床炉（じところ）：床面を浅く掘った炉

オホーツク

Okhotsk

オホーツク人は
クマがお好き

クマ頭部石製品／網走市モヨロ貝塚
足型文付き土器／網走市モヨロ貝塚

「モヨロ貝塚」から出土したクマ意匠の遺物を見ると、オホーツク人のクマに対する思いが伝わってきませんか。石でクマの頭をつくったり、土器にクマの足形文様を押したり、住居の奥に祭壇をつくり、クマの頭蓋骨を積み上げて飾っていたりするのですから。

網走市立郷土博物館分館「モヨロ貝塚館」は、オホーツク沿岸部で栄えた「オホーツク文化」を代表する遺跡「モヨロ貝塚」の資料を展示した施設です。

◎◎ グッとくるグッズ！ ◎

モヨロならではのすてきなグッズがたくさん！

バンダナ
デフォルメされたモヨロの遺物が格子状にデザインされています

チャーム
モヨロの人々が大切にしていたクマのミニチュア

土器ストラップ・ブローチ
オホーツク式土器をミニチュアサイズに再現！

---

28 網走市立郷土博物館分館「モヨロ貝塚館」

所 在 地｜北海道網走市北１条東２丁目　/　TEL｜0152-43-2608
開館時間｜（５月〜10月）9:00〜17:00　（11月〜４月）16:00まで
休 館 日｜月曜日、祝日、７月〜９月は無休、年末年始（12/29〜1/3）

オホーツク人が
つくったもの

あざらしビューン

根室市オンネモト遺跡（複製）

おなかが...

網走市
モヨロ貝塚

繊細な
ソーメン文が
あしらわれた
オホーツク式土器

根室市オンネモト遺跡（複製）

骨や牙でつくられた女性像やアザラシなど、オ
ホーツク人が手がけた物は写実的で細やかです。
オホーツク式土器もまた繊細な貼り付け文（ソー
メン文）が施され、縄目文様がなく、特徴的な形
をしています。
北海道立北方民族博物館は、東はグリーンランド
から西はスカンディナビアまで、衣・食・住・なり
わいなど北方民族の精神性や文化を紹介しています。

◦●◦ グッとくるポイント！ ◎

北方の個性的な色使いに心をつかまれる！

北方民族独特のキュートな衣装や、トーテムポールの個性
的な配色に思わず目を奪われます。ぜいたくな刺しゅうや
ビーズをふんだんにあしらった衣装はため息が出るほど。

豪華な
ビーズと
刺しゅう

かわいい
ブーツ

26 北海道立北方民族博物館

所 在 地｜網走市字潮見 309-1　／　TEL｜0152-45-3888
開館時間｜（7月〜9月）9:00〜17:00、（10月〜6月）9:30〜16:30
休 館 日｜月曜日（祝日の場合は翌平日）、7月〜9月、2月は無休、年末年始

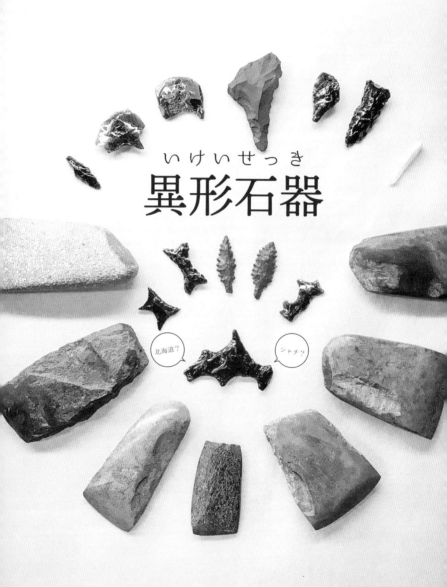

いけいせっき
異形石器

北海道？

シトチ？

石器の中心にある「異形石器」に注目！　この形はもしかして
北海道？

斜里町では、旧石器文化、縄文文化からアイヌ文化まで400
弱の遺跡が見つかっており、道内で3番目に遺跡の多い町で
す。斜里町立知床博物館は、縄文時代後期の斜里朱円周堤墓群
から出土した両頭の石棒、ヒスイの玉やサメの歯でつくられた
装飾品といった副葬品のほか、学芸員さんおすすめのオホーツ
ク文化期のフクロウと思われる彫像などの出土品を展示してい
ます。国・道・町指定史跡7件をは
じめとした多数の文化財と、希少種
や固有種など多様な生物種を育む世
界自然遺産知床を擁する斜里町の自
然と歴史がわかる博物館です。

フクロウ？

彫像
チャシコツ岬上遺跡

👀 グッとくるポイント！ 👀

斜里朱円周堤墓群！

施設から車で約10分の所に「斜里朱円
周提墓群」があります。周堤墓の内側に
石の配列があり「ストーンサークル」と
も呼ばれています。この場所は、太陽が
夏至の前後に羅臼岳から昇り、冬至の頃
には藻琴山へ沈むという奇跡のロケー
ション。縄文好きイケメン俳優も訪れた
ことがあるとか。

30 斜里町立知床博物館

所 在 地｜斜里郡斜里町本町49-2　/　TEL｜0152-23-1256
開館時間｜9:00～17:00
休 館 日｜4月～10月　月曜日（祝日の場合は翌平日）、11月～3月　月曜日、祝日、年末年始

国内最大級の規模を誇る
ブランド黒曜石

祝
国宝!!
合計 1,965 点

当時の縄文人なら誰もが知っていた（かもしれない）白滝ブランドの黒曜石。石鏃、ナイフ、きりなどをつくる材料として欠かせないものでした。特に白滝産は、海を越え全国各地で出土するなど、広く交易にも使われていました。

美しく整えられた石器が美術品のように並べられたこだわりの展示は圧巻です。

遠軽町埋蔵文化財センターでは、2023年6月に国宝に指定された「北海道白滝遺跡群出土品」を含む考古資料を展示しています。

黒曜石を使った石器づくりなど豊富な体験メニューも魅力です。

グッとくるポイント！

石器がつくられる過程がわかる「接合資料」

石器をつくる際にでる破片を集めて再度組み合わせた「接合資料」は、大量の原石を産出する白滝だからこそできる展示。この接合資料によって、当時の人たちがどのように石器をつくっていたのかがわかる貴重な資料でもあります。

31 遠軽町埋蔵文化財センター

所 在 地｜紋別郡遠軽町白滝138-1　/　TEL｜0158-48-2213
開館時間｜9:00〜17:00（入館は16:30まで）
休 館 日｜5月〜10月は無休、11月〜4月は土曜日、日曜日、祝日、年末年始（12/31〜1/5）

まるで
土偶のような土器

幣舞式土器
北見市常呂川河口遺跡 295a 号土坑

あなたはなにに見えますか？

目がぐるぐる
してる人？

ぐるぐる

？

ミミズク？

ホー

ぐるぐるとうずを巻く独創的な文様と、独特な形状の幣舞式土器が出土しました。なんだか顔に見えてきませんか？　見る人の想像をかきたてる洗練されたデザインに驚かされる土器です。

サロマ湖に面した台地に「ところ遺跡の森」はあります。縄文の村、続縄文の村、擦文の村をそれぞれのエリアに分け、一部の住居を復元し整備しました。森の中には、遺物展示施設が3カ所あり、常呂地域の遺跡から出土した考古資料の展示を行っています。

グッとくるポイント！

個性豊かな石器や土版にほっこり

カラス、フクロウ、ミミズクにムササビのように見える小さな石器や土版を見ていると、なんだかほっこりしてきます。やっぱりかわいいからつくったんでしょうか？

ところ遺跡の森

所 在 地│北見市常呂町字栄浦 371 番地　/　TEL│0152-54-3393
開館時間│9:00～17:00（ところ遺跡の館）
休 館 日│月曜日（祝日の場合は翌平日）、祝日の翌日、年末年始（12/29～1/5）

オホーツク 縄文さんぽ

札幌から1泊2日で学ぶ 旧石器〜オホーツク文化

Day1　　　　　　　　　1日目

05:30 札幌市出発！

開館時間に到着するように、眠い目をこすりつつ、高速道路に乗ってビューンと現地へ。

09:00 遠軽町埋蔵文化財センター

開館時間に「遠軽町埋蔵文化財センター」（p108）に到着！
2階に上り、白滝ジオパーク内にある旧石器時代の「白滝遺跡群」から出土した遺物を見学。本物のマンモスゾウの牙にお触りしたり、まるでブランドショップのように美しく配置された石器たちにうっとりしたりと、すっかり時間を忘れてしまいます。石核と呼ばれる黒曜石の原石から石器をつくる際に出た破片を集めて元の形に復元した「接合資料」が多数あるのは、「石器工場」だったこの場所ならでは。無数の石の破片から複雑な立体パズルのような接合資料を完成させるのにどれほどの時間がかかったのか、考えただけで気が遠くなりそうです…。

巨大石器の顔ハメパネル

有舌尖頭器

接合資料

11:30 道の駅 遠軽森のオホーツク

道の駅「遠軽森のオホーツク」でちょっと早めのランチ休憩。地元の食材を使ったお料理とソフトクリームを食べて、ショップでお土産を物色。

13:30 常呂遺跡

「常呂遺跡」には、竪穴住居の跡と見られるくぼみが約2,700基も見つかっています。同じエリアに擦文文化とオホーツク文化の遺跡が見つかっており、両者の関係を探る上でも重要な遺跡です。「常呂遺跡」は一部が「ところ遺跡の森」（P110）として整備・公開されています。時代ごとの復元竪穴住居があって、違いがよくわかります。かなり広いので、歩きやすい靴で行くのがおすすめ。
「ところ遺跡の館」は、北見市常呂地域の遺跡から出土した考古資料を展示しています。
異形石器や幣舞式土器、オホーツク式土器など見どころ満載！

復元住居

オホーツク式土器

17:00 網走でお土産探し

サロマ湖〜能取湖〜網走湖を横に眺めながら走り、網走市街へ。網走駅近くの民芸店へ、北方民族のウイルタの木偶をお手本にしたというかわいい木偶を探しに。お土産選びのつもりが、自分用の「子」を選ぶのにすっかり夢中！

網走市内ホテル泊

地元のスーパーで夕食用の飲み物やお惣菜などを購入して、網走市内のホテルにチェックイン。
お部屋で夕食を済ませ、翌日に備えて早めに就寝。

Day2 　　　　　　2日目

09:00

モヨロ
貝塚館

オホーツク海にそそぐ網走川の河口に位置する「モヨロ貝塚館」（P102）。
海とともに生き、クマを大切にする独自の文化を持つ「オホーツク人」について詳しく学べる施設です。
「オホーツク文化」に特化した展示は珍しいので、興味津々で見学。ドニワ部では「おなか痛い婦人」と呼んでいる牙製婦人像や、クマのかわいい石製品などにほっこり。

1Ｆ墓域展示室では、オホーツク人の埋葬の仕方も詳しく見ることができます。身体を折り曲げ、頭に土器をかぶせられて埋葬されたオホーツク人。一体どんな意味があったんでしょう。

ここのミュージアムショップは、ミニチュアオホーツク式土器のブローチやストラップなどグッとくる商品がたくさん。選ぶのを迷っちゃうけど値段も手頃なので、お土産にたくさん買っちゃう！

11:30

道の駅
流氷街道
網走

近くにある道の駅でランチ休憩。
オホーツク海を眺めながらご当地グルメをもぐもぐ。ここでしか食べられない、ほんのり青い「流氷ソフトクリーム」ももちろんいただきます！

13:00

北海道立
北方民族
博物館

グリーンランドのイヌイット（エスキモー）から、スカンディナビアのサミ（ラップ）まで、広く北方の諸民族を対象とした、珍しい博物館（P104）。

背びれに
顔!?

厳しい自然環境の中で暮らす北方の人々の、ビーズや刺しゅうを施したカラフルで美しい民族衣装は必見！シャチの背びれにも顔が描かれたユニークな顔のトーテムポールや、丁寧な細工があしらわれた道具など、見どころがありすぎて困っちゃいます。オホーツク文化期の遺物としては、オホーツク式土器や、骨角器、牙製婦人像、動物像などが展示されています。

16:00

帰りたくない！

名残惜しい気持ちを引きずりながら帰路へ。

17:30

道の駅
遠軽
森の
オホーツク

再び遠軽町の道の駅へ。高速道路に乗る前に時間に追われながら軽く夕食休憩。

18:10

遠軽町から高速道路に乗り、ちょこちょこ休憩を挟みながら、安全運転で札幌市に到着！

23:00

札幌市
到着！

お疲れさまでした！

次は
どこへ行こう？

113

道東

Eastern Hokkaido

北海道 最古 の土器

爪で付けた
文様
「爪形文」

まだ
「縄文」
じゃないんです

先端のこの形に注目！

爪形文土器
帯広市大正3遺跡

大正3遺跡からは約1万4,000年前の土器が出土しました。これは今のところ北海道で最古の縄文土器です。丸い底の先端に乳首のような突起があり、その乳房のようなフォルムから親しみを込めて「おっぱい土器」と呼ぶ人も。口縁部～胴部に爪でつけた「爪形文」が見られる「爪形文土器」というグループの土器で、縄文時代草創期の中頃に位置づけられています。このグループの土器には縄文はありません。※写真はレプリカですが、本物を展示しています

北海道最古の大規模縄文集落の一つ「八千代A遺跡」から出土した国指定重要文化財「八千代A遺跡出土品」は、北海道東部で縄文文化的な暮らしが始まった約9,000年前（縄文早期前半）の様子を伝える貴重な資料群です。暁式土器とそれに伴う石器、縄文時代最古級の石製装飾品やクマの頭部を模したという土製品は見応えがあります。

◎◎◎ グッとくるポイント！ ◎◎◎

テキスタイルのように美しく並べられた旧石器時代の細石刃

暁遺跡は旧石器時代の細石刃が多数出土した「石器工房」として有名です。細石刃は、骨や角でつくられたシャフトの両側縁に溝を彫り、そこに複数の細石刃を並べてはめ込んでやりとして使われたと考えられています。刃こぼれした際には、カミソリの替刃のようにそこだけを交換できるという優れもの！

33 帯広百年記念館

所 在 地｜帯広市緑ヶ丘2 ／ TEL｜0155-24-5352
開館時間｜9:00～17:00（入館は16:30まで）
休 館 日｜月曜日（祝日の場合は翌平日）、祝日の翌日、年末年始（12/29～1/3）

に注目！

暁式土器
帯広市大正6遺跡

暁式土器
帯広市大正8遺跡

暁式土器

帯広百年記念館の分館、埋蔵文化財センターには帯広市内の発掘調査で見つかった出土品約 107 万点が収蔵されています。展示室には、十勝地方の縄文土器の形や文様が、年代によってどのように変化したかわかりやすく展示され、マニアにはたまらない施設です。

古い段階の暁式土器にはあまり文様がありませんが、新しい段階になると文様のない物の他に、撚糸を軸に巻き付けた物を押し付けた文様（絡条体圧痕文）をもつ物、円形刺突文をもつ物などが現れます。底面に付けられたホタテの貝殻圧痕は古い物にも新しい物にも見られる暁式土器の特徴です。

⊂ஐ⊃ グッとくるポイント！ ⊂ஐ⊃

暁式土器の中には、底面に貝殻痕がない物も！

| 貝殻…ない | 貝殻…風？ | 縄文人の指の痕！ |

暁式土器（底面）
帯広市大正 8 遺跡
貝殻の圧痕がついていない
パターン

暁式土器（底面）
帯広市八千代 A 遺跡
ホタテ貝殻の圧痕を模した沈線
状の文様がつけられています

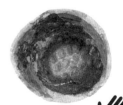

暁式土器（底部内面）
帯広市八千代 A 遺跡
指頭と爪の痕が、器の底部内
面にくっきり残っています

34 帯広百年記念館　埋蔵文化財センター

所 在 地｜帯広市西 23 条南 4 丁目 26-8　/　TEL｜0155-41-8731
開館時間｜9:00〜17:00
休 館 日｜日曜日、月曜日（祝日の場合は翌平日）、祝日の翌日、年末年始（12/29〜1/3）

北海道にも
象がいたんです

1969（昭和44）年、忠類晩成地区の農道工事現場で偶然発見されたナウマンゾウの化石は、全骨格の70〜80％におよぶ計47個が掘り起こされました。ほぼ1頭分の化石が発掘されたのは、世界で初めてのことでした。

館内には、中央の主展示室に、発見されたナウマンゾウの復元骨格がライトアップされており、その周りに発見から復元までの歴史を、映像やパネルでわかりやすく展示しています。

1969（昭和44）年の発掘の様子

⊙⊙⊙ グッとくるポイント！ ⊙

いろんな場所にナウマンゾウ

記念館がある「ナウマン公園」は子どもからお年寄りまで楽しめる憩いのスポットで、遊具や水遊びコーナー、パークゴルフ場、キャンプ場があり、一日たっぷり楽しめます！
特産品を使ったパンやスイーツ、ナウマンゾウのグッズも購入できる「道の駅 忠類」や温泉施設にもぜひ寄ってみて。

ナウマンゾウの親子「ナウマン象の像」

35 忠類ナウマン象記念館

所 在 地｜中川郡幕別町忠類白銀町 383 番地 1　/　TEL｜01558-8-2826
開館時間｜9:00〜17:00
休 館 日｜火曜日（祝日の場合は翌平日）、年末年始（12/29〜1/3）

北海道の
独自路線

幣舞式土器

2階
展示室で
見られます！

幣舞式土器
釧路市緑ヶ岡遺跡

この二つの土器は、一見すると、一方は大胆なぐるぐる文様を全面に施し、もう一方は丸いつぶつぶと押し付けた縄文を規則的に並べたデザインで、まるで印象が違います。しかしよく見ると、パーツごとに文様を変えていたり、底にまで縄文を施していたりと細部へのこだわりが感じられます。丸みを帯びた底部と口縁部の両端に穴があいていることも共通しています。

併設する釧路市埋蔵文化財調査センターには、東釧路式、コッタロ式、テンネル式、緑ヶ岡式土器など、特徴的なご当地土器をたくさん展示しています。

グッとくるキャラクター！

顔が建物？ 公式キャラクター「はっくん」

釧路市立博物館の建物が顔になっている公式キャラクター「はっくん」。公式サイトには「はっくん」のページがあったり、ミュージアムショップでは「はっくんグッズ」が販売されていたりして、並々ならぬ「はっくん愛」を感じます。

顔がまさかの建物

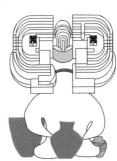

釧路市博物館公式キャラ「はっくん」

---

36 釧路市立博物館・釧路市埋蔵文化財調査センター

所 在 地 | 釧路市春湖台 1-7 ／ TEL | 0154-41-5809
開館時間 | 9:30〜17:00（入場は 16:30 まで）
休 館 日 | 月曜日（祝日の場合は翌平日）、祝日の翌日、
　　　　　4月〜11/3 は祝日開館、11/4〜3月は祝日休館、年末年始（12/29〜1/3）

日本最東端の土偶

ウフフ

キュートな
ポーズ

反った足先が
チャームポイント！

土偶
根室市初田牛 20 遺跡

日本最東端の土偶は、縄文時代後期後半（約3,500〜3,000年前）のもの。副葬品とともに「初田牛20遺跡」から出土しました。全身をベンガラ（赤色顔料）で塗られており、性別を特定できる要素はないものの、不思議な髪形、すくめた首、くわのように反った手足は独特の雰囲気を醸し出しています。

根室市歴史と自然の資料館では、日本に唯一存在する国境標石「樺太日露国境第二天測境界標」を見ることができます。

国境標石

オホーツク人の本気を見た！

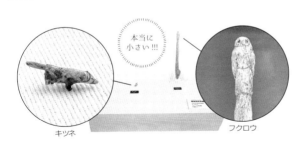

本当に小さい!!!

キツネ

フクロウ

驚くほど小さな動物意匠骨器。こんなに細かい意匠をどんな道具でどうやって刻んだのか、オホーツク人の技術力の高さに驚嘆します。

37 根室市歴史と自然の資料館

所在地｜根室市花咲港209番地 ／ TEL｜0153-25-3661
開館時間｜9:30〜16:30
休館日｜月曜日（祝日の場合は翌平日）、祝日、年末年始（12/29〜1/3）

人と自然が調和する地

ミズナラ巨木

復元竪穴住居

ポー川

チャシ跡　竪穴くぼみ

伊茶仁
カリカリウス遺跡

標津湿原

開拓の村　ビジターセンター

クマ注意

自転車を借り
てゆっくり
めぐろう

カヌー体験も
（要予約）

「伊茶仁カリカリウス遺跡」「古道遺跡」「三本木遺跡」からなる標津遺跡群は、2,500 カ所以上の竪穴住居跡が今でも地表から確認できます。縄文時代からアイヌ文化期までの約1万年間、途切れることなく人が暮らし続けていたことが分かっています。ここには人類の生活を支えるために必要な豊かな自然環境があるのです。

公園内の見どころは、国指定天然記念物「標津湿原」「わき水の泉」「ミズナラの巨木」そして絶滅が危惧されている「ヒカリゴケ」です。

！ ご注意 ！

クマよけの鈴を持って、動きやすい服装、歩きやすい靴で行きましょう。

必需品！

---

38 標津町ポー川史跡自然公園

所 在 地｜標津郡標津町字伊茶仁 2784 番地　/　TEL｜0153-82-3674
開館時間｜9:00〜17:00（入園は 16:30 まで）
休 館 日｜4/29〜11/23 開園（期間中無休）

もっと
縄文を
楽しもう

みんなでつくろう！
縄文スイーツ

縄文スイーツとは？

縄文時代といえば、土器や石器、地層、自然、竪穴住居…。縄文をお菓子で表現してみるとしたらどんな感じ？　クリームやプリン、スポンジを重ねて地層を表現してみたり、木の枝や小石、きのこに動物を置いてみたり…。想像を膨らませて楽しく縄文スイーツをつくってみましょう！

例えばこんな組み合わせ

タイトル：**縄文の森**

── 木の枝やきのこ、
小石チョコを敷き詰めて
森っぽい雰囲気に

間に小石チョコが ──
埋まっています

── プリンとロールケーキ、
生クリームで地層を表現

130

アイデア次第でバリエーションは無限！
　　あなたならどんな縄文スイーツをつくりますか？

ストーンサークル風

クッキーに
チョコペンで
お絵かき
するだけ！

竪穴住居風

土偶クッキー・土版クッキー

江崎グリコ／ガトーフェスタ ハラダ／株式会社 明治／日清シスコ／ネスレアミューズ／
パスコフーズ／晴 cafe ／森永製菓株式会社／山崎製パン／ロッテ (50 音順、敬称略)
※撮影日：2023 年 3 月 17 日　期間限定等により販売していない商品もございます。

土器辞典

土器の形や文様は、時代と地域によって違いがあります。

（公財）北海道埋蔵文化財センターが調査した遺跡の土器を解説していきます。

これであなたも土器博士?!

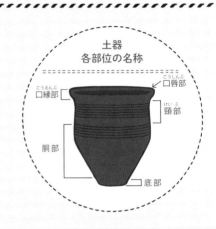

土器
各部位の名称

口唇部（こうしんぶ）
口縁部（こうえんぶ）
頸部（けいぶ）
胴部
底部

縄文早期　　　　　　　　　　　　Initial Jomon period

函館市中野B遺跡　所蔵：函館市教育委員会

かいがらもんせんていどき
貝殻文尖底土器

口縁部と胴部に貝殻で文様が付く底のとがった土器が流行します。貝殻を押し当てたり、それを押し引いたりして付けた跡が見られます。とがった底は、早期から前期にかけての温暖化に伴い、内陸まで海が入り込んだ環境下で、貝類などを早く煮ることに向いていたようです。

縄文前期

綱文式土器
<ruby>綱文式土器<rt>つなもんしきどき</rt></ruby>

土器の型式名となっている
「綱文」に表される通り、その
他の時期に比べて、「横綱級」
の太い縄を使って施文してい
ます。
矢羽根状に縄文が施され、丸
底が特徴です。

千歳市キウス5遺跡　収蔵：北海道立埋蔵文化財センター

縄文中期

円筒上層式土器
<ruby>円筒上層式土器<rt>えんとうじょうそうしきどき</rt></ruby>

シンプルな形の円筒下層式土
器の時代から、口縁部に大ぶ
りな突起を作り、ひも状の粘土
を貼り付け、派手で立体的な
文様構成に変化していきます。
東北北部から道央部を経由し
て礼文島までの広範囲で、こ
の形式の影響を受けた土器が
出土しています。

七飯町鳴川右岸遺跡　所蔵：七飯町教育委員会

手稲式土器／フクロウ意匠のついた土器
ていねしきどき

小樽市忍路土場遺跡　所蔵：小樽市教育委員会

千歳市美々4遺跡　収蔵：北海道立埋蔵文化財センター

後期になると、一度縄文を施した後、その部分をこすって消してしまう「磨消縄文」が流行します。また、浅鉢や注ぎ口を持つ「注口土器」など、さまざまな形の土器がつくられるようになります。

手稲式は沈線で区画、鮋潤式は粘土ひもの貼り付けに刻み目、堂林式は口縁部にボタン状の突起が並ぶ「突瘤文」があるのが特徴です。

新千歳空港建設工事で調査した千歳市美々4遺跡から見つかったフクロウの顔に見える意匠が付いた土器は当センターのキャラクター、「フクロウ博士」のモデルです。

タンネトウL式土器
えるしきどき

晩期後半になると、深鉢、壺、浅鉢、皿など形が多様化します。

写真は、土器集中3から出土した土器群で破片がまとまって見付かったため、多くの個体が完全な形に復元でき、口縁部に並行する沈線や並列する弧線文、三角文が見られます。

江別市対雁2遺跡　収蔵：北海道立埋蔵文化財センター

恵山式土器
えさんしきどき

本州が弥生時代になっても北海道では、縄目を施す土器を利用します。
写真は、墓からまとまって出土した土器で、口縁部や頸部に沈線や鋸歯状文が見られ、縄文が縦に入る物、器を磨いて光沢を出した物もあり、器厚も晩期より薄くなっていきます。
口縁部に、クマの頭をまねた意匠が付いた
ものも出土しました。

北斗市茂別遺跡　所蔵：北斗市教育委員会

根室市トーサムポロ湖周辺竪穴群　所蔵：根室市教育委員会

オホーツク式土器
しきどき

口縁部に粘土の貼付文がある土器は、この様子から通称ソーメン文とも呼ばれています。
粘土を漏斗状の容器に入れ、絞り出しながら貼り付ける「チューブデコレーション」により施文されたことがわかっています。

擦文土器
さつもんどき

千歳市オサツ2遺跡
収蔵：北海道立埋蔵文化財センター

胴部にこすった文様があることから、擦文土器と名付けられましたが、文様ではなく、木片を利用し表面を整えた痕跡です。

前期は、口縁部・頸部に横走沈線が施されていましたが①、中期以降になると、そこに縦や斜めの文様が描かれるようになります②。頸部と胴部の境目を刻み目で表した物③、布を丸めて渦巻き模様（馬蹄形押捺文）を付けた物④、など変化が見られます。

本州の影響で竪穴住居にかまどがつくられるようになると、かまどにかけやすいように口縁部が横に広がり、胴部から底部にかけてすぼまる形をしています。

①

②

③

④

千歳市ユカンボシC15遺跡
収蔵：北海道立埋蔵文化財センター

須恵器
すえき

古墳時代以降、本州では窯で焼く須恵器が登場しますが、北海道ではまだ窯が見つかっていません。そのため出土した須恵器は、本州からの搬入品だとわかります。取っ手が2つ付いた須恵器（双耳坏）は珍しく、千歳市ユカンボシC15遺跡と江別市後藤遺跡出土の2点が道内で見つかっています。

江別市後藤遺跡　所蔵：江別市教育委員会

136

グッとくる縄文グッズ

北海道で活動している作家さんのオリジナル縄文グッズをご紹介！

フゴッペTシャツ（ネイビー）も購入できます

(BASE)

＜ドニワ部オンラインショップ＞

suzuri

ドニワ部

旧石器時代から縄文、続縄文、擦文までの先史時代を中心にしたテーマで、オリジナルグッズをつくっています。

website：https://lit.link/doniwab
Twitter・Instagram：@doniwab
Facebook・LINEスタンプ・Youtube
：「ドニワ部」で検索

＜購入できる場所＞
・イベントなど
・北海道博物館売店
・だて歴史文化ミュージアムショップ
・イタリアンベリー 他

website

To.t （たあと）

縄文文化への一番カジュアルな入口を制作しています。
Twitter：@Tot_typeT_time

＜購入できる場所＞
・イベントなど
・道の駅縄文ロマン南かやべ（函館）

＜オンライン＞
TwitterのDM、メールでも受け付けています。
1day.2days.sundays@gmail.com

本誌のあちこちに登場しています探してみてね

Twitter

MAIL

どぐるみ・どぐるみ（大）

土偶モチーフのあみぐるみで「どぐるみ」です

どぐるみが着たい縄文風服

動物形どぐるみ

シャチ

うりぼー

動物形土製品モチーフのあみぐるみで「動物形どぐるみ」です

陶土雑貨 nina

土鈴・ピンズ・マグネットなど

博物館で心に刺さった遺物たちを、オーブン陶土の
小さな雑貨にしています。
Twitter：@emari45172449

〈購入できる場所〉
・イベントなど
・イタリアンベリー　他

Twitter

半人半蛙（はんじんはんあ）

トートバッグ／ペア土偶と共にお出かけ

縄文好きとカエル好きの心をくすぐる存在として、
みなさんと一緒に楽しんで行きたいです。

〈購入できる場所〉
・「北の縄文マルシェ」他イベント
・北海道博物館売店
・イタリアンベリー　他
〈オンラインショップ〉
・染谷商会 HP

online shop

いるば 28

土偶カップ／便利より不便を楽しむ究極のアイテム。使い勝手を度外視した
カップの数々。暮らしに癒やしとユーモアを誘います

縄文に魅了された25名のクリエイターが共に助け合
いながら、推し土偶をカラフルに産みだしています。
website：https://iruba28.localinfo.jp/
Twitter・Instagram：@iruba28

website　Twitter　Instagram

〈購入できる場所〉
・イタリアンベリー（札幌）
・函館市縄文文化交流センター（函館）
・北海道博物館（札幌）
・元気ショップ（札幌）
・元気ショップいこ〜る（札幌）
・Lien（八戸市）
・GARAGE・B（世田谷区）
〈オンラインショップ〉
・ミンネ　https://minne.com/@iruba28

minne

縄文 DOHNAN プロジェクト

JDP オリジナルキャラクターのカックー・カメちゃん・トーヤくんと日常を共
に過ごせる POP なイラストグッズ

世界遺産登録を前に 2019 年産学官民の有志で発足。
登録後も"縄文の心"で人とまちをつなぐ をテーマに、
縄文を通じてまちが向上し、子どもたちの郷土愛が
深まることを願って活動しています。
Facebook：@100040630875896

〈購入できる場所〉
・イベントなど
・函館山山頂売店
・縄文 DOHNAN プロジェクト事務局（山田総合設計内）

Facebook

札幌で
縄文グッズを
購入するなら
ココ！

イタリアンベリー

札幌市内にある雑貨店。
縄文グッズコーナーあります！
北海道札幌市北区北 24 条西 3 丁目 1-2
011-709-8790
営業日、営業時間はお問合せください

website

139

あ **アンギン** あんぎん
縄文時代の布は自然植物の繊維を材料に「アンギン編み」でつくられていたといわれている。現代でもすだれやむしろ、米俵などはアンギン編みでつくられている

遺構 いこう
住居やお墓、落とし穴など、昔の人たちの暮らしの痕跡のこと

遺跡 いせき
昔の人が残した遺構や遺物のある場所。調査の後は埋め戻されることも多いので、見学可能な遺跡は貴重

遺物 いぶつ
遺跡で出土した土器、土偶、石器など人がつくった物。骨、木材などもある

送り場 おくりば
食料にした動物や植物、使わなくなった道具類の魂を神に返す行為「送り」を行っていたといわれる場所のこと。貝塚や盛土遺構（p142）も送り場だったと考えられている

か **角偶** かくぐう
動物の角を削ってつくられた人の形をした物。函館市戸井貝塚出土の角偶が有名

岩偶 がんぐう
岩を削ってつくられた人の形をした物

黒曜石 こくようせき
火山の噴火でマグマの一部が急速に冷え固まってできた火山岩で、オブシディアンとも呼ばれている。ガラス質なので加工がしやすく、割るとよく切れるナイフとして使えることから、旧石器時代から縄文時代まで、ナイフややり先、矢じり、きり、スクレイパーなど、さまざまな道具として使われていた

骨角器 こっかくき
動物の骨や角、牙でつくられた道具のこと。石で削ったりこすったりしてもり、釣針、針、ヘラなどがつくられていた。石よりも軟らかくて細かい加工ができるので、くし、かんざし、腕輪など、細かい装飾が施されたアクセサリーもつくられている

さ **擦文文化** さつもんぶんか
8世紀から13世紀にかけて北海道と東北地方北端に見られる独自の文化。擦文文化の指標となる擦文土器は、胴部にはけでこすったような文様を持つことからその名前が付けられた。幾何学模様が刻まれたカッコイイ土器もある。このころから石器が消滅し、鉄器が普及していく

遮光器土偶 しゃこうきどぐう
メガネをかけたように大きく表現された目が特徴。北方民族「イヌイット」が雪中の光除けに着用した「遮光器」に似ていることからこの名前が付いた。東北地方の晩期土偶の特色となっている。ドニワ部のアイコンにも使用

蛇紋岩 じゃもんがん
光沢のある緑色または黒色の変成岩で、模様があって美しい岩

周堤墓 しゅうていぼ
直径数十メートルの穴を掘り、その周囲にドーナツ状に土を盛り上げ、穴の床面に複数のお墓がつくられた共同墓地。キウス周堤墓群が有名

縄文　じょうもん

土器の表面に縄をころがして付けた文様のことで、この土器が使われていた時代を「縄文時代」、この頃の文化を「縄文文化」と呼ぶ

ストーンサークル

石を円形に並べた遺構。環状列石とも呼ばれる。墓の施設と考えられるものと祭祀に関連する施設とに大まかに区分される

石棒　せきぼう

長い棒のような形をした石器で、「まつり」に使った特殊な道具や信仰の対象であったと考えられている。用途はよくわかっていないが、必要以上にきれいに磨かれ、ステキな模様が刻まれている物もある

石器　せっき

石でつくられたいろいろな道具

装身具　そうしんぐ

装飾のために身につけたアクセサリーで、くしやネックレス、耳飾りなどさまざまな物がある

続縄文　ぞくじょうもん

本州では縄文文化が終わりを迎え、弥生文化が広がるが、北海道では引き続き縄文時代と同じ暮らしを続け発展する。この文化を「続縄文文化」、この時代を「続縄文時代」と呼ぶ

た　タイプ標本　たいぷひょうほん

生物の新種を発表するときに、基準となる標本。タイプとは分類学のこと

鐸形土製品　たくがたどせいひん

銅鐸の形をした小型の土製品で、縄文時代後期に東北と北海道南部を中心に見られる。用途はよくわかっていない。イカ形土製品もこの仲間

竪穴住居　たてあなじゅうきょ

地面を掘り下げてその底に床をつくり、柱を立てて屋根をふいた建物のうち、居住施設として使われたもの

注口土器　ちゅうこうどき

注ぎ口が付けられた土器のこと

Tピット　てぃーぴっと

獣や小動物を捕まえるための落とし穴の跡のこと。登別の鹿用落とし穴は数がえげつない。TピットのTは「trap」のこと

土偶　どぐう

粘土でつくられた素焼きの像のうち、特に人の形を模していると思われる物のこと。人形以外の物は「土製品」という。女性を表現した物が多いといわれるが、あからさまに男性と分かる物や、人かどうか定かではない物もある

土製品　どせいひん

粘土でつくられた素焼きの物。動物や海洋生物や、よくわからない形状の物もある

は　ヒスイ

緑色の非常に硬い石で、装身具や勾玉（まがたま）（p142）などに加工され全国各地の遺跡から出土している。新潟県糸魚川産のヒスイが特に有名

副葬品　ふくそうひん

お墓に遺体とともに納められた品々。葬送儀礼に伴う各種の道具、供物のほかに死者の衣服や装身具も含まれる

北海道式石冠　　ほっかいどうしきせっかん

形が冠に似ていることから付いた名前。北海道内浦湾沿岸地方で縄文前期の遺跡から多孔質安山岩製の石冠が多数出土。すり石同様に、石皿とセットで木の実などをすりつぶす道具。北黄金貝塚では、役目を終えた北海道式石冠と石皿が水場遺構で大量に見られる

ま　勾玉　　まがたま

ヒスイ、琥珀（こはく）、土などでつくられた装身具の一つ。多くはＣの字形またはコの字形に湾曲した玉から尾が出たような形をしている。動物の牙であったとする説や、胎児の形を表すとする説などがある

水場遺構　　みずばいこう

湧き水や川、沼地などの水場を利用するためにつくられた遺構。水くみのほか、道具などの送りの場としても使われていたといわれている

盛土遺構　　もりどいこう

掘り起こした土、使われなくなった道具、動物や魚などの骨を自然に帰す行為「送り」を行っていた場所と考えられている

主な参考サイト

北海道庁環境生活部 > 文化局文化振興課 >jomon> 北の縄文　-　用語集
https://www.pref.hokkaido.lg.jp/ks/bns/jomon/related_vocabulary_a.html

西東京 Web　史跡下野谷遺跡保存活用計画　附編 4
https://www.city.nishitokyo.lg.jp/siseizyoho/sesaku_keikaku/keikaku/kyouiku/shitanoyahozonkatuyoukeikaku.files/s-huhen4.pdf

北の縄文　-　じょうもんキッズ
https://www.pref.hokkaido.lg.jp/ks/bns/jomon/kids_index.html

全国子ども考古学
https://kids-kouko.com/

東京国立博物館
https://www.tnm.jp/

国立科学博物館
https://www.kahaku.go.jp/

北海道デジタルミュージアム
https://hokkaido-digital-museum.jp/

千葉の県立博物館　タイプ標本って何？
https://www.chiba-muse.or.jp/NATURAL/special/chii_type/p-2.html

群馬県埋蔵文化財調査事業団
http://www.gunmaibun.org/faq

wikipedia

主な参考文献と参考サイト

北海道・北東北の縄文世界遺産を旅するガイド／
北海道・北東北の縄文世界遺産を旅するガイド制作委員会　昭文社　2021

北海道の縄文文化 こころと暮らし／「北海道の縄文文化 こころと暮らし」刊行会　亜璃西社　2021

土偶界へようこそ──縄文の美の宇宙／譽田 亜紀子　山川出版社　2017

はじめての土偶／譽田 亜紀子　世界文化社　2014

ときめく縄文図鑑（ときめく図鑑＋）／譽田 亜紀子　山と渓谷社　2016

知られざる縄文ライフ：え？貝塚ってゴミ捨て場じゃなかったんですか!?／譽田 亜紀子　構文堂新光社　2017

新版・土偶手帖 おもしろ土偶と縄文世界遺産／譽田 亜紀子　世界文化社　2021

北の土偶 ＝ The clay figurines of Northern Japan：縄文の祈りと心：国宝にみる北の縄文／
北海道開拓記念館 編　北海道新聞社　2012

地図でスッと頭に入る縄文時代／山田 康弘（監修）　昭文社　2021

北海道の竪穴群の概要／北海道教育委員会　ホームページ　2018
※コラム／オホーツク文化、トビニタイ文化

古代北方世界に生きた人びと─交流と交易─　図録／
東北歴史博物館、北海道開拓記念館、新潟県立歴史博物館　2008

北海道・北東北の縄文遺産群　https://jomon-japan.jp/

北海道デジタルミュージアム　https://hokkaido-digital-museum.jp/

文化遺産オンライン　https://bunka.nii.ac.jp/

北海道歴史・文化ポータルサイト　AKARENGA　https://www.akarenga-h.jp/

北海道内各市町村公式ホームページ

JOBON vol.1〜vol.8　北の縄文道民会議、ドニワ部

本誌掲載出土品クレジット一覧

ページ	出土器	クレジット（出典　所蔵　写真提供）
18	中空土偶	出典：北海道デジタルミュージアム
19	足形付土版	出典：JOMON ARCHIVES（函館市教育委員会所蔵）
20	イカ形土製品	所蔵：森町教育委員会
20	鐸形土製品	所蔵：森町教育委員会
21、22	土偶	所蔵：森町教育委員会
22	動物形土製品	所蔵・写真提供：千歳市教育委員会
23	男性土偶	所蔵・写真提供：千歳市教育委員会
23	石棒	所蔵・写真提供：千歳市教育委員会
24	北海道式石冠・石皿	所蔵：伊達市教育委員会
25	針	所蔵：伊達市教育委員会
26	猪牙製装身具	出典：JOMON ARCHIVES（洞爺湖町教育委員会所蔵）
27	入江式土器	出典：JOMON ARCHIVES（洞爺湖町教育委員会所蔵）
27	土偶（2点）	出典：JOMON ARCHIVES（洞爺湖町教育委員会所蔵）
34	角偶	所蔵・写真提供：市立函館博物館
35	大洞 C_1 式注口土器	所蔵・写真提供：市立函館博物館
35	双顔土偶	所蔵・写真提供：市立函館博物館
35	動物形土製品	所蔵・写真提供：市立函館博物館
35	土偶（5点）	所蔵・写真提供：市立函館博物館
36	聖山式土器	所蔵：七飯町歴史館
37	両具有土製品ほか	所蔵：七飯町歴史館
38	槍先形尖頭器（国指定重要文化財）	出典：今金町教育委員会
39	ピリカカイギュウ	出典：今金町教育委員会
40、41	人形装飾付異形注口土器	所蔵：東京国立博物館　出典：ColBase（https://colbase.nich.go.jp/）
42	デメちゃん	所蔵・写真提供：北斗市郷土資料館
43	カオナシさん（ズ）	所蔵・写真提供：北斗市郷土資料館
43	ミニマムくん	所蔵・写真提供：北斗市郷土資料館
45	土偶	所蔵：木古内町教育委員会　写真提供：北海道立埋蔵文化財センター
54	二足土器	所蔵：余市町教育委員会
54	土器じぃキャラクター	提供：余市町教育委員会
55	石皿	所蔵：余市町教育委員会
55	徳利形土器	所蔵：余市町教育委員会
55	ウニ形土製品	所蔵：余市町教育委員会
55	土偶	所蔵：余市町教育委員会
56	壁面彫刻	所蔵：余市町教育委員会
62	赤いアクセサリーたち	所蔵：恵庭市郷土資料館
64	ペア土偶	写真提供：江別市郷土資料館
66	魚たたき棒	所蔵：石狩市教育委員会
66	タモ	所蔵：石狩市教育委員会
66	柵	所蔵：石狩市教育委員会
69	鳥崎式土器	所蔵：北海道博物館
69	双口土器（タンネトウL式）	所蔵：北海道博物館
69	木製品（複製）	所蔵：北海道博物館
70、71	館内および展示品	所蔵：北海道大学総合博物館
73	アンモナイトたち	所蔵：三笠市立博物館
78	土偶（札幌市指定有形文化財）	所蔵：札幌市埋蔵文化財センター
79	ジオラマ	所蔵：国立歴史民俗博物館
80	土偶	写真提供：北海道立埋蔵文化財センター
81	異形石器	写真提供：北海道立埋蔵文化財センター

ページ	出土器	クレジット（出典　所蔵　写真提供）
81	土偶	写真提供：北海道立埋蔵文化財センター
81	岩偶	写真提供：北海道立埋蔵文化財センター
81	角偶	所蔵・写真提供：函館市教育委員会
81	土偶	写真提供：北海道立埋蔵文化財センター
82	骨角器	所蔵：文化庁　保管・写真提供：伊達市教育委員会
83	イモガイ製貝輪	所蔵：文化庁　保管・写真提供：伊達市教育委員会
84	ホベツアラキリュウ	所蔵：むかわ町穂別博物館
85	カムイサウルス	所蔵・写真提供：むかわ町穂別博物館
94	遺物（6点）	所蔵：旭川市博物館
95	土偶（複製品）	所蔵：旭川市博物館
95	中茶路式土器	所蔵：旭川市博物館
95	押型文土器	所蔵：旭川市博物館
96	歯牙製女性像および動物像	所蔵：礼文町教育委員会　撮影：佐藤雅彦
97	ビノスガイ	所蔵：礼文町教育委員会　撮影：佐藤雅彦
102	クマ頭部石製品	写真提供：網走市立郷土博物館
102	足型文付き土器	写真提供：網走市立郷土博物館
103	ストラップ	写真提供：網走市立郷土博物館
103	ブローチ	写真提供：網走市立郷土博物館
103	チャーム	写真提供：網走市立郷土博物館
103	バンダナ	写真提供：網走市立郷土博物館
104	牙製動物像（複製）	写真提供：北海道立北方民族博物館所蔵
104	牙製女性像（複製）	写真提供：北海道立北方民族博物館所蔵
104	牙製女性像	写真提供：北海道立北方民族博物館所蔵
105	衣装	写真提供：北海道立北方民族博物館所蔵
107	斜里朱円周堤墓群	写真提供：斜里町立知床博物館
107	彫像（フクロウ）	写真提供：斜里町立知床博物館
110	幣舞式土器（重要文化財）	写真提供：北見市ところ遺跡の森
111	遺物（5点）	所蔵：北見市ところ遺跡の森
116	爪形文土器	所蔵・写真提供：帯広百年記念館
117	細石刃	所蔵：帯広百年記念館
118、119	暁式土器	所蔵・写真提供：帯広百年記念館
121	発掘作業	写真提供：幕別町教育委員会
122	幣舞式土器	写真提供：釧路市立博物館
124	土偶	所蔵：根室市教育委員会
125	国境標石	所蔵：根室市教育委員会
125	動物意匠骨器	所蔵：根室市教育委員会
126	湿地、カヌー	写真提供：標津町教育委員会
132	貝殻文尖底土器	収蔵・写真提供：北海道立埋蔵文化財センター
133	綱文式土器	収蔵・写真提供：北海道立埋蔵文化財センター
133	円筒上層式土器	収蔵・写真提供：北海道立埋蔵文化財センター
134	手稲式土器	収蔵・写真提供：北海道立埋蔵文化財センター
134	フクロウ意匠のついた土器	収蔵・写真提供：北海道立埋蔵文化財センター
134	タンネトウL式土器	収蔵・写真提供：北海道立埋蔵文化財センター
135	恵山式土器	収蔵・写真提供：北海道立埋蔵文化財センター
135	オホーツク式土器	収蔵・写真提供：北海道立埋蔵文化財センター
136	擦文土器	収蔵・写真提供：北海道立埋蔵文化財センター
136	須恵器	収蔵・写真提供：北海道立埋蔵文化財センター
136	江別双耳杯	所蔵：江別市教育委員会　写真提供：江別市郷土資料館

謝辞

本書を刊行するに当たり、関係各機関ならびに関係者の方々に
ご協力を賜りました。ここに深く感謝の意を表します。

協力

nina、青山可奈、浅野敏昭、阿部千春、上田忠太郎、
小田美凪、甲谷恵、黒石輝子、黒田華緒田、越田賢一郎、
代柳司、鈴木美奈子、染谷有香、高谷友美 a.k.a To.t（たあと）、
種田梓、種田紗弥、塚田みゆき、坪憲生、林佳奈美、
三浦さとみ、三田智、横山由奈、吉田幸喜、渡井瞳

イタリアンベリー、いるば 28、北の縄文道民会議、
縄文 DOHNAN プロジェクト、ドニワ部、半人半蛙

江崎グリコ、ガトーフェスタハラダ、株式会社明治、
日清シスコ、ネスレアミューズ、バスコフーズ、晴 café、
森永製菓株式会社、山崎製パン、ロッテ

取材協力・写真協力

各市町村教育委員会、Col Base、佐藤雅彦、
縄文遺跡群世界遺産保存活用協議会 JOMON　ARCHIVES、
ドニワ部、本書で紹介する施設関係者の皆さま

撮影協力

梅田広大、澤田恭平、鈴木將譲、時田太一郎、ドニワ部、
森久大

マンガ

上田忠太郎

イラスト

上田忠太郎、種田梓

装丁・本文デザイン

種田梓

（敬称略五十音順）

北の縄文さんぽ

発　　　行　2023 年 7 月 25 日　初版第 1 刷発行

著　　　者　ドニワ部　種田梓

発 行 人　新井敏孝

発 行 所　デーリィマン社

発 行 元　株式会社北海道協同組合通信社
　　　　　〒060-0005　札幌市中央区北 5 条西 14 丁目 1-15
　　　　　電話　011-231-5653（出版部）
　　　　　　　　011-209-1003（総務部）
　　　　　http://www.dairyman.co.jp/

印刷・製本　株式会社アイワード